Algo **Más** por qué

SONREÍR

ALGO Más POR QUÉ

SONREÍR

ZIG ZIGLAR

BETANIA

Un Sello de Editorial Caribe

©2000 Editores Caribe-Betania
Una división de Thomas Nelson, Inc.
Nashville, TN—Miami, FL
www.editorialcaribe.com
Email: editorial@editorialcaribe.com

Título del original inglés: *Something Else to Smile About*
© 1999 The Zig Ziglar Corporation
Publicado por Thomas Nelson, Inc.

Traductor: Ricardo Acosta

ISBN: 0-88113-562-3

Impreso en EE.UU.
Printed in U.S.A.

Contenido

A Laurie Magers, quien ha sido mi leal asistente ejecutiva por más de veintiún años.

Laurie es la personificación de la lealtad, eficiencia, eficacia, trabajo arduo y de un espíritu de servicio positivo y alegre.

Su fe y compromiso, además de las palabras de sabiduría que me ha brindado a través de los años, me han ayudado a brillar con más intensidad de lo que posiblemente hubiera sido sin ella.

Introducción

El título de este libro bien podría haber sido *Algo más en qué pensar*, *Reflexiones*, o incluso *Pautas para el diario vivir*. Este pequeño volumen inspirador en realidad te dará algo por qué sonreír y en qué pensar, además de información pertinente para incrementar tu disfrute de la vida y tu eficacia como persona.

En este libro humorístico encontrarás una amplia gama de lecturas inspiradoras diseñadas tanto para darte un impulso momentáneo como para acrecentar tu esperanza en el futuro. Para que obtengas el máximo provecho, te animo a que leas cada uno de los cortos mensajes y luego te hagas estas preguntas:

- ¿Cómo puedo aplicar esto a mi vida personal, familiar y laboral?
- ¿Puedo utilizar lo que acabo de leer para mejorar mi posición económica?
- ¿Conozco individuos que se relacionarían específicamente con esta historia y a quiénes les haría bien si les hablara de ella?

Tomar algunos instantes para responder esas preguntas te ayudará a poner en acción lo que has aprendido y te motivará a considerar y servir a las personas con quienes compartes tu vida.

Sin duda, el mejor uso del libro llega cuando haces partícipes de la información a tus amigos y compañeros. Las mesas redondas sobre un tema específico, en casa o en la oficina, podrían generar algunas ventajas inesperadas en forma de ideas.

Te animo a que mantengas a la mano este libro, porque de vez en cuando todos tenemos pequeños intervalos que nos hacen decaer en lugar de levantarnos. Mientras leas, ten a la mano papel y lápiz, y cuando surja una idea o un pensamiento, escríbelo al instante. Para cuando hayas terminado de leer, te sorprenderás agradablemente de la cantidad de ideas que han generado estos sencillos mensajes, las cuales incrementarán tu alegría de vivir y, con seguridad, tu norma de vida. Cuando estés más feliz y satisfecho, indudablemente habrás encontrado *Algo más por qué sonreír*.

ALGO MÁS POR QUÉ

SONREÍR

Eres lo que piensas

Si solo aprendes métodos, estarás atado a tus métodos, pero si aprendes principios puedes concebir tus propios métodos.

—RALPH WALDO EMERSON

Por mucho tiempo se ha malentendido el título de este capítulo. Un entusiasta joven aseguró que no era cierto, pues si él fuera lo que pensaba, sería una chica. Hay una gran verdad en esa declaración, que nos deja con la pregunta: ¿Qué influye en nuestro pensamiento?

Creo que lo que pasa por nuestras mentes y las personas con quienes nos relacionamos influyen en nuestro pensamiento. Cómo pensamos influye en nuestras acciones. Cómo actuamos influye en nuestro desempeño. Nuestro desempeño juega un papel importante en cuán triunfante y feliz será nuestro futuro.

¿Has reído alguna vez en un cine? ¿Has llorado en él? ¿Piensas en verdad que alguien coloca en las sillas algo que te hace reír o llorar? Sabes muy bien que lo que te hace reaccionar con risa o con lágrimas es lo que ves en la pantalla.

El interrogante es: Si lo que entra puede hacernos reír o llorar, ¿puede también ser útil o perjudicial a otros? Dos ejemplos nos aseguran que sí. En un episodio de la serie televisiva *Días felices*, Henry Winker mostró una tarjeta de biblioteca. La Asociación Estadounidense de Bibliotecas informó que después de que apareciera el programa, más de cien mil adolescentes en todos los Estados Unidos solicitaron tarjetas de biblioteca. En un reciente *Show de Oprah*, la cadena de tiendas de ropa The Gap tuvo una exhibición de modas con su nueva línea de jeans. Este no era un comercial pagado; era solo una exhibición de nuevas modas. En setenta y dos horas The Gap liquidó las existencias de esos jeans en toda la nación. El senador Paul Simon se expresó de esta manera: «Si treinta segundos venden detergente y hasta un auto, entonces veinticinco minutos de violencia exaltada venden violencia».

Mensaje: Ten cuidado con qué alimentas tu mente, porque eso afectará tus acciones, y estas afectarán tu futuro.

Groucho Marx dijo en una ocasión: «¿A quién creerás, a mí o a tus propios ojos?»

Soluciona los problemas

No «olvidas» pensamientos negativos: los obligas a salir con energía positiva.

Pregunta: ¿Puedes recordar un día en que no hayas tenido alguna clase de «problema» como irritación, desilusión, derrota o contratiempo? Quizás tengas que hacer una parada inesperada en la estación de gasolina, porque tu cónyuge estuvo manejando tu auto y olvidó llenar el tanque. Tal vez tu jefe te dio una información incompleta sobre un importante proyecto y ahora tienes que comenzarlo de nuevo.

El punto central no son los problemas, pues estos son parte de tu vida. Lo importante es cómo manejarlos. ¿Dejas que un sencillo problema te dicte la manera de comportarte el resto del día? Aunque a veces sea difícil, pregúntate: *¿Qué influencia real tendrá esto en mi vida esta noche o el día de mañana?* En la mayoría de los casos te darás cuenta de que en realidad no tiene importancia. Con esto en mente podrás olvidar el problema del momento y seguir adelante.

Conclusión: Puedes tomar el control de tus propios pensamientos, acciones y emociones; esto significa que puedes tomar el control de tu vida. La mejor manera de lidiar con los problemas es reorganizar tus pensamientos y verlos como oportunidades de crecer o madurar. También es bueno que pienses que si no hubieran problemas en tu trabajo, sería muy posible que no fueras necesario para desempeñarlo. Además son muchas las probabilidades de que mientras mayores sean las dificultades, mayor es también la necesidad de que estés allí enfrentándolas. Para eso te pagan.

Hasta no hace mucho tiempo las personas pensaban que los semiconductores eran directores de orquesta a tiempo parcial y que los microchips eran diminutas galletas.
(GERARLDINE FERRARO)

Abran paso al
«Tío sin nombre»

Logras satisfacer al cliente cuando vendes mercancía que no regresa a un cliente que sí regresa.

—STANLEY MARCUS

Su nombre era Wally Amos y levantó una empresa de cien millones de dólares vendiendo sus galletas «Famous Amos Cookies». Perdió la empresa por una serie de circunstancias. Pasó de la fama y fortuna a deber un millón de dólares. Peor aun, perdió el derecho de usar el nombre que hizo famoso. Sin embargo, no perdió lo que lo llevó al éxito la primera vez: Mantuvo su sentido del humor, persistencia, optimismo y seguridad en sí mismo. Como era de esperar, volvió a triunfar.

El hombre comenzó una nueva aventura bajo el nombre de «Wally Amos Present Chip'n Cookie». La revista *People* publicó la historia y Fitz & Floyd fabricó galletas Chip'n Cookie. J.C. Penney distribuyó muñecas Chip'n Cookie. Todo el mundo estaba feliz con el regreso del señor Amos, menos los nuevos propietarios de «Famous Amos». Le pusieron una demanda y de nuevo lo sacaron del mercado. Wally dice que obtuvo fama y riqueza, y que pagó el precio por ello. Hoy día viaja promocionando su nuevo libro *Man with No Name* [El hombre sin nombre], que está recibiendo una entusiasta acogida. También regresó al negocio de las galletas. Su nueva empresa, «Uncle No-Name» [Tío sin nombre] arrancó en noviembre. Es obvio que Wally Amos es un buen ejemplo de un hombre golpeado pero no acabado. Regresó a la lucha con el mismo entusiasmo y afán que demostró la primera vez. Predigo que le irá bien.

Wally Amos es el ejemplo clásico de un hombre que se levanta una y otra vez. El antiguo dicho de que una persona que no recibe golpes no puede golpear se volvió cierto en «Tío sin nombre».

Nos dicen que debemos estar sintonizados con nuestros cuerpos. Hoy le dije a mi cuerpo: «¿Te gustaría ir al gimnasio y hacer aeróbicos tres horas seguidas?» Él me respondió: «Si lo haces eres hombre muerto».

El cambio puede ser bueno para ti

Obtenemos consuelo de quienes están de acuerdo con nosotros y crecimiento de los que no lo están.

En el mundo actual de cambios sociales y empresariales, la seguridad laboral es cosa del pasado. Mientras tenemos que enfrentar el hecho de que el cambio es inevitable, también debemos comprender que muchos cambios son positivos y beneficiosos tanto para los individuos como para las empresas.

Hay cosas que puedes cambiar y cosas que no puedes cambiar. No puedes cambiar cuándo, dónde, cómo y de quién naciste. Es un hecho que si naciste blanco permanecerás blanco y que si naciste negro permanecerás negro. Es un hecho el que no puedas cambiar ningún acontecimiento pasado. No puedes cambiar ni un susurro del ayer. Sin embargo, el mañana es un asunto totalmente distinto. Si estás dispuesto a cambiar hoy tu pensamiento, puedes cambiar tu vida y tu manera de vivir para hacer que tu futuro sea mejor y más brillante.

Ejemplo: Como estudiante en la Escuela Secundaria Superior de la Ciudad de Yazoo, Misisipí, el tenis de mesa era uno de mis deportes favoritos. Sinceramente podía derrotar a la mayoría de mis compañeros en ese deporte en particular. Fue entonces cuando un joven nuevo llegó a la ciudad y me derrotaba con regularidad. Yo utilizaba el antiguo agarre de tres dedos mientras él usaba el nuevo agarre de «intercambio». Los resultados iniciales fueron desastrosos. Mis compañeros me trataban como a un tambor. No obstante, después de un par de semanas comencé a ganar y finalmente pude derrotar al «nuevo joven en la ciudad». Estoy convencido de que no había forma de hacerlo sin cambiar mi agarre, aunque en realidad al principio me fue peor.

Mensaje: Analiza tu situación. ¿Has llegado tan lejos como te es posible y estás haciendo lo mejor que puedes con los procedimientos actuales? Si te has hecho este análisis, no temas dar dos pasos hacia atrás si esto te permite dar tres pasos hacia adelante.

El jefe que despide al empleado: «Míralo por el lado bueno. Siempre dijiste que querías ser un empresario».

Deja que tu meta
supere tu conocimiento

La motivación es necesaria para cambiar el disfraz de un ideal por las ropas de trabajo de la realidad, en base a las metas que genera este ideal.

En una de nuestras principales universidades, un profesor hizo a sus alumnos un examen que tenía varias secciones de preguntas, cada sección con tres categorías de preguntas. Les dio instrucciones de elegir una pregunta de cada sección del examen. La primera categoría en cada sección era la más difícil y valía cincuenta puntos. La segunda era menos difícil y valía cuarenta puntos. La tercera era la más fácil y valía solo treinta puntos.

Cuando los estudiantes desarrollaron y devolvieron el examen, obtuvieron la siguiente calificación: «A» para los que escogieron las difíciles preguntas de cincuenta puntos, «B» para quienes escogieron las de cuarenta puntos y «C» para los que se decidieron por las más fáciles de treinta puntos. No se consideró si las respuestas fueron correctas o equivocadas. Como era lógico, los estudiantes estaban confundidos y preguntaron al profesor cómo había calificado el examen. Este se inclinó hacia adelante y con una sonrisa explicó:

—No estaba probando sus conocimientos sino sus objetivos.

Creo que fue Browning quien dijo: «Tu meta debe superar a tu conocimiento, de lo contrario ¿de qué sirve tu esfuerzo?» Langston Hughes escribió: «Atrapa rápido los sueños, porque si estos mueren la vida es como un ave que no puede volar porque tiene las alas rotas». Sí, necesitamos esos sueños, o si lo prefieres, necesitamos visión. Salomón, el hombre más sabio que ha existido, dijo: «Donde no hay visión, el pueblo se desenfrena» (Proverbios 29.18 LBA).

«¿Qué podría ser peor que la ceguera?», le preguntaron una vez a Hellen Keller.

«Sería infinitamente peor tener una vista de 20/20 sin visión, que ser ciego pero con visión», fue su respuesta.

En los últimos años de su vida, a Albert Schweitzer le preguntaron:

«¿Cómo le va, doctor Schweitzer?»

«Mi vista se oscurece, pero mi visión está más clara que nunca», respondió el anciano médico misionero.

Si alguna vez has pensado que eres demasiado pequeño para ser eficaz, se ve que nunca has estado en cama con un mosquito. (ANITA RODDICK)

No te encajones

No es la inteligencia lo más importante sino lo que la guía: el carácter, el corazón, las cualidades positivas y las ideas progresistas.

—FYODOR DOSTOYEVSKY

Muchas personas establecen bajos límites en sus expectativas y capacidades. Al hacerlo se colocan a sí mismos en una «caja». Alexander Whortley llevó esto al extremo y prácticamente vivió en una caja. Esta era un mini remolque de un metro de ancho, 1,20 de largo y 1,5 de alto. Vivió allí hasta que murió a los ochenta años. Su caja estaba hecha de madera, tenía un techo de metal y lo albergaba a él y a sus escasas pertenencias. Él decidió pasar su vida en tal estrecho lugar, aun cuando tenía a su disposición sitios más grandes y cómodos.

Pocos vivimos en una «caja». Sin embargo, muchos tenemos la tendencia de «encajonarnos» y continuar haciendo las cosas de una manera tal porque «siempre las hemos hecho así». En muchos casos, el tiempo y la experiencia han demostrado que «esta manera» es la mejor. No obstante, te desafío a que periódicamente des una larga caminata o te sientes tranquilamente y pienses en la manera en que haces las cosas. Pregúntate si podría haber una manera mejor. ¿Se podrían simplificar tus procedimientos? ¿Son absolutamente necesarios? ¿Se podrían abaratar o hacerlos más eficientes? ¿Podría tu producto ser más grande? ¿Más corto? ¿De forma diferente? ¿De otro material? ¿De otro color? A veces pueden surgir ideas sencillas que pueden resultar decisivas. A propósito, una de las ventajas de un estilo de vida que incluye crecimiento y educación personal constantes, es que mientras más amplia y profunda sea la base de tu conocimiento, más creativo será tu enfoque hacia la solución de problemas en tu vida.

Ejemplo sencillo: Por años los sacos masculinos tenían un bolsillo interior solo en la parte derecha, donde se colocaban bolígrafos y otros artículos. Un día a alguien se le ocurrió: *Puesto que la mayoría de hombres son diestros, ¿por qué no poner un bolsillo en el lado izquierdo para que puedan agarrar sus bolígrafos con la mano derecha y empezar a escribir?* Aunque no se trataba de algo extraordinario, esto ahorraba uno o dos segundos; se vendieron muchos trajes.

No es sorprendente que en un año electoral el aire esté lleno de discursos y los discursos estén llenos de aire. (JOSEPH NOLAN, escritor de discursos políticos)

Nunca tomes una mala decisión después de un mal tiro

Un gran temor siempre hace perder una gran fe.

Como ferviente jugador de golf, a menudo me confunden las actitudes del clásico golfista menos dotado. Se dirige al punto de salida y con el palo número uno en la mano se coloca en posición, piensa en su tiro y golpea la pelota 183m hacia afuera y 37 hacia la derecha, donde aterriza en medio de algunos árboles. Camina o maneja hacia la pelota, observa el claro de dos metros y decide que todo lo que tiene que hacer para alcanzar el «green» es golpear la pelota 160m hacia ese claro, enviarla sobre el lago y desviarla sobre la hoya de arena para que aterrice en el «green».

Déjame recordarte la escena: Él acaba de salirse de la pista casi 55m con la pelota en el punto de salida y en perfecta posición. Para su segundo tiro cree poder alcanzar el claro de dos metros y hacer que la pelota actúe como si la golpeara uno de los mejores jugadores de la PGA (siglas en inglés de la Asociación de Golfistas Profesionales). Con la confianza que acompaña frecuentemente a la ignorancia se coloca en posición, dispara y envía la pelota al lago. Enojado y disgustado golpea de nuevo la pelota sobre el «green» hacia una hoya de arena. Dos golpes más y consigue llegar al «green», donde después de otros dos golpes logra un desastroso cuádruple «bogey-8». Tomó una mala decisión después de un mal inicio y le costó caro.

Con demasiada frecuencia todos hacemos un «mal tiro» (p.ej., cometer un error o manipular la verdad). Luego agravamos ese «mal tiro» al negarlo, defenderlo, mentir o racionalizarlo en vez de pensar con tranquilidad, reconocer el error y arreglarlo de manera lógica y sincera.

Mientras la bolsa de valores especula con tus inversiones, el corredor de bolsa y la firma de corredores ganan dinero; dos de tres no está mal.

El chisme es sumamente destructivo

A menudo escuchamos chistes acerca del chisme, como el de las dos personas que estaban hablando y una dice: «No te puedo contar más. Ya te conté más de lo que oí». Así es gran parte de la tragedia del chisme, el cual puede destruir la reputación de alguien, y con frecuencia lo hace. El chisme siempre daña las relaciones, en particular con la persona de quien estés chismeando. Por ejemplo, una vez que has dicho algo cruel de alguien, te sientes incómodo a su alrededor y tu relación con esa persona sufrirá.

El doctor Adrian Roger señala sabiamente que antes de diseminar información que podría ser considerada como chisme, debemos considerar con cuidado en estas tres preguntas: Número uno, ¿es la verdad? Si no pasa el primer examen, entonces no se debe repetir. Número dos, aunque sea verdad, ¿es necesario que otros la conozcan? ¿Ayudará a alguien? ¿Herirá a alguien? ¿Sería mejor no comunicarla? Si no beneficia a nadie, ¿qué posible propósito tendría repetirla? Número tres, ¿es amable? En este mundo lleno de cinismo y escepticismo, ¿sería amable repetir esta historia? ¿No sería mejor olvidarla? ¿Te sentirías mejor si repitieras esta información?

Cuando la analizas de esta manera, tus posibilidades de convertirte en chismoso se reducen dramáticamente.

Cuando consideras los beneficios de detener el chisme, descubrirás que estos son sustanciales. Primero, no te perjudicas, lo que significa que tu reputación y estima están sin empañar. Eso es bueno. Segundo, no dañarás a alguien en su reputación. Esto quiere decir que tu círculo de amigos será mayor. Puesto que la mayoría de nosotros no tenemos amigos que quisiéramos perder, ¡eso también es bueno!

Se ha definido a una reunión de clase como una ocasión en que te reúnes con personas que solían tener la misma edad que tú.

Donde hay una voluntad, hay un camino

*Las cumbres de las montañas inspiran a los líderes,
pero los valles los hacen madurar.*

–J. PHILIP EVERSON

El doctor William «Bill» Ross era único en verdad y
se le llegó a conocer por su sentido del humor y entusiasmo por vivir. Tenía euforia por la vida, amor por la medicina y dedicación inigualable a sus pacientes. El
doctor Ron Anderson, del Hospital Memorial Parkland,
dijo de él: «Se condolía cuando uno de sus pacientes moría o enfermaba, pero también celebraba con ellos cuando se recuperaban».

Al doctor Ross lo eligieron presidente de la Asociación Médica de Texas en 1981 y recibió mucha honra y
reconocimiento. Obtuvo su título en la Universidad
Stephen F. Austin y pagó sus estudios en el Instituto Médico de la Universidad Suroccidental de Texas, en Dallas, vendiendo sandías. Estuvo de interno en el Hospital
Memorial Parkland y después se mudó a San Benito, Texas. Al llegar le dijeron que allí no había sitio para otro
médico, pero él decidió no hacer caso del consejo de que
se fuera a otro sitio. Levantó su consultorio de un modo
sencillo pero eficaz. En las visitas a domicilio, deliberadamente se dirigía a la vivienda incorrecta a la derecha

de la casa correcta y se presentaba. Le decían cuál era la casa correcta, sin embargo repetía el proceso y se iba a la casa de la izquierda de la vivienda correcta. Tres meses después tenía un floreciente consultorio.

El doctor Ross ayudó a levantar el Instituto Médico de la Universidad Suroccidental de Texas, en Dallas, en el área de capacitación para médicos familiares. Se le recuerda muy bien por su primer día en el empleo. Llegó al instituto vestido con overoles y conduciendo una camioneta pickup. Más tarde dijo que fue como «el choque de dos culturas, la de ellos y la mía». No obstante, detrás de esa conducta «campesina» había una mente brillante y un compromiso con la medicina, envueltos en amor por su prójimo que le hizo destacarse en el mundo médico. Piensa en esto, y las cualidades que acabo de identificar serán útiles para todos, cualquiera que sea su profesión.

Aun cuando las personas saben cómo se supone que se deben comportar, algunas veces lo olvidan. Por eso asisten a la iglesia todos los domingos.

¡Qué tiempos aquellos!

Hoy es el mañana del que eras optimista ayer. Pregunta: ¿Qué estás haciendo hoy para hacer el mañana tan gratificante como esperabas que fuera el hoy?

Un chiste popular dice más o menos: Un ex atleta (maestro, predicador, entrenador, etc.) dice riendo: «Mientras más viejo me pongo, ¡mejor era!» Hay más verdad que ficción en esa declaración, y de cierta manera, eso es bueno. Indica seguramente que la persona recuerda las cosas buenas de la vida en vez de pensar en las negativas. ¡Esa clase de actitud asegurará no solo una vida más larga sino también más feliz y saludable!

Hablando de manera realista, muchos de nuestros recuerdos sobre los «buenos tiempos pasados» no están de acuerdo con los hechos. En tales «buenos tiempos pasados» de hace ciento cincuenta años, la expectativa de vida era aproximadamente de cuarenta años. Hoy día es de más de setenta. Cuando yo era joven, la polio era el azote del momento. Todo padre tenía miedo a esta enfermedad cuando enviaba a su hijo o hija a que jugara fuera en los meses calurosos del verano. Hoy día, gracias a las vacunas, la polio es rara.

Actualmente, más de 80% de los millonarios en los Estados Unidos pertenecen a la primera generación de millonarios. Las mujeres están ganando respeto en el mundo de los negocios, la medicina, la ciencia, la educación, los deportes y otros campos que les eran negados solo unos pocos años antes. En los Estados Unidos actualmente hay más minorías que antes con educación universitaria, que se encuentran en las altas esferas comerciales. Con esto no quiero sugerir que todo es igual sino más bien asegurar que estamos progresando.

El *éxito* se ha definido como un viaje, no un destino; sin embargo, debemos encaminarnos en la dirección correcta. A pesar de nuestros problemas con el crimen, el bienestar social, las drogas y la violencia, existen pocas personas que volverían a los «buenos tiempos de antes». Es cierto que hoy día las cosas son mejores de lo que nunca han sido. Tenemos problemas como nación, pero enérgicamente buscamos soluciones. Por eso «estos son los buenos tiempos». Te animo a disfrutar hoy y mirar el futuro con optimismo y esperanza.

Las ligas menores de béisbol en nuestro pueblo están exagerando un poco. Ahora intentan canjear nuestros muchachos con Cleveland.

¿Hasta dónde llegarán las marcas?

El éxito no se mide por lo que logra un individuo sino por la oposición que este ha enfrentado y el valor con que ha mantenido la lucha contra abrumadoras desigualdades.

–ORRISON SWETT MARDEN

En 1954 Roger Bannister corrió una milla en menos de cuatro minutos y conmovió al mundo atlético. En 1994, a la edad de cuarenta y un años, Eamonn Coghlan de Irlanda corrió una milla en menos de cuatro minutos. Más increíble aun, Kip Keino de Etiopía, corrió la milla en 4,06 minutos a la edad de cincuenta y cinco.

Hasta 1954 más de cincuenta periódicos médicos habían publicado artículos que aseguraban que era humanamente imposible correr una milla en menos de cuatro minutos. Los médicos advertían a los atletas de las funestas consecuencias para el que rompiera esa barrera «irrompible». Mientras tanto, entrenadores de todo el mundo animaban, cronómetro en mano, a sus pupilos a hacer lo posible, pero que no olvidaran lo que se decía de romper la «imposible» barrera de cuatro minutos.

Roger Bannister rompió la barrera y con su actuación cambió tal pensamiento. Renunció a creer lo que otros decían para no limitar su propio potencial. Su gran avance probó que la barrera era sicológica, no fisiológica. En la edición de agosto de 1994 de la revista *Runner's World* [El mundo de los corredores], el doctor Jerry Lynch dijo que cuando crees y piensas que *puedes,* activas tu motivación, compromiso, confianza, concentración y emoción, todo lo que se relaciona directamente con el logro. Por otra parte, «ya sea que creas que puedes o que no puedes, en ambos casos tienes razón».

El doctor Lynch dice que el camino a la excelencia personal está lleno de obstáculos. Mi convicción personal es que no puedes desarrollar todo tu potencial sin enfrentar serios tropiezos a lo largo del camino. También dice el doctor Lynch que no puedes estirar tus límites sin enfrentar algunos momentos difíciles. Debes entender que el fracaso y las pérdidas son experiencias aceptables de aprendizaje que pueden ayudar a mejorar tu rendimiento. Esto se cumple para cada área de la vida, ya sea que intentes tener éxito en atletismo, estudios, negocios o ventas. Es cierto que los aviones y las cometas se elevan más rápido cuando vuelan en el viento. Los individuos crecen con más fortaleza física, mental y espiritual cuando son «probados» con resistencia u oposición.

El legendario entrenador de Green Bay Packer, Vince Lombardi, acostumbraba decir acerca de su equipo: «¡Cuidado. Estás jugando con dinamita viva!»

El fracaso es fundamental para el éxito

Con sueños no hay necesidad de ir a la tierra de los sueños mediante las drogas y el alcohol.

«Tienes que aprender a perder para poder ganar». Parecía una extraña advertencia, pero el hombre que lo dijo había ganado trescientos millones de dólares. Esa es una enorme suma hasta en la economía actual. He aquí la historia:

Frank y Dan Carney iniciaron en 1958 una pizzería frente al supermercado de su familia. Se proponían pagar sus estudios universitarios. Diecinueve años después, Frank Carney vendió la cadena de 3.100 establecimientos llamada «Pizza Hut» por trescientos millones de dólares.

El consejo de Carney para quienes se inician en los negocios parece extraño, pero lo explica de esta manera: «Me he metido en casi cincuenta aventuras comerciales diferentes y más o menos quince de ellas tuvieron éxito». El punto principal que Frank resalta es: Debes estar listo «a batear» si esperas hacer un «hit», y más importante aun es regresar a «home» después de poncharte.

Carney dice que Pizza Hut tuvo éxito porque él aprendió de sus errores. Por ejemplo, cuando fracasó un intento de expandirse a la ciudad de Oklahoma, comprendió la importancia de la localización y la decoración. Aprendió de su error y eso hizo que el futuro fuera más brillante. Cuando bajaron las ventas en Nueva York, ideó el innovador concepto de introducir la masa gruesa, y tuvo un éxito considerable. Cuando las pizzerías regionales comenzaron a competir, Frank respondió comercializando la «pizza al estilo Chicago», y otra vez le sonrió el éxito. En realidad fracasó muchas veces, pero en todos los casos hizo que esos fracasos obraran a su favor.

El fracaso es una experiencia común para todos nosotros. Pregunta: ¿Permitirás que tales fracasos obren a favor o en contra tuya? Haz como hizo Frank Carney y utiliza esos fracasos como experiencias de aprendizaje.

«Envíame diez dólares y te diré cómo hacerte rico», rezaba el anuncio de un gurú inversionista. De modo que tú le envías diez dólares y él te envía una nota que dice: «Gracias. Me volví rico debido a personas como tú».

Cómo vencer el temor

El temor es el cuarto oscuro donde se revelan los negativos.

Al temor se le ha definido correctamente como falsa evidencia de apariencia real. La verdad es que si creemos que debemos temer algo, esa percepción se convierte en la más cruel realidad.

Un muchacho de segundo grado dijo: «Es fácil ser valiente cuando no estás asustado». Del mismo modo, es fácil hablar de cómo vencer el temor cuando tienes poco a qué temer. El miedo es real para la mayoría de personas y de alguna manera todos tenemos miedo a algo, tal vez a la pobreza, al divorcio, al rechazo, a la muerte, al fracaso, a hablar en público o a ser ridiculizado.

¿Cómo podemos vencer los temores? Primero debemos aprender a examinarlos. Según la revista *Selecciones*, hablar en público es el temor principal en los Estados Unidos. (También es un gran edificador de la confianza.) Si ese es tu temor, hazte unas pocas preguntas: *¿Por qué temo hablar en público? ¿Se debe al temor de ser rechazado? Si es así, ¿creo que seré rechazado? ¿Creo en lo que voy a decir? ¿Es mi discurso digno de pronunciar? ¿Estoy orgulloso de los comentarios que haré?* El miedo se apacigua a medida que te haces estas preguntas. Se calma debido a que exploraste tu mente subconsciente con tus preguntas e hiciste salir tus temores.

He investigado que solo tres personas han muerto mientras hablan en público. Puesto que doce mil millones de personas han vivido y solo tres de ellas han muerto mientras hablan en público, te aseguro que eso es algo muy seguro. Si eres un poco nervioso, piensa en esto: Puedes meter una mula en una sala atestada y estará tan tranquila que casi se podría dormir de pie. Un caballo de pura raza en la misma situación estaría tan nervioso como un gato. Si estás un poco nervioso, agradece que eres un pura sangre y no una mula. Por lo tanto, enfrenta esas sensaciones interiores, ponte de pie y habla con confianza.

Un sapo llama por teléfono a una línea de síquicos.

—Conocerás una joven hermosa que querrá saber todo acerca de ti —oyó que le decían.

—¡Fantástico! —dijo el sapo—. ¿La conoceré en una fiesta?

—No —contestó el síquico—, en una clase de biología el año próximo.

El camino a la grandeza

El futuro nunca solo ocurrió: se creó.

–WILL DURANT

Mi amigo y colega orador, Joe Sabah, dice que no debes ser grandioso para comenzar sino que debes comenzar para ser grandioso. Esta es una profunda observación que se aplica sin importar el esfuerzo que hagas. Viene al caso la historia de un joven flaco y enfermizo que cuando estaba en el colegio era en realidad un «alfeñique de cuarenta y cuatro kilos». Usaba gruesas gafas, protectores de pecho y un aparato ortopédico en los hombros. Su autoimagen era tan pobre y la preocupación por su apariencia tan grande, que se retiró del colegio. Su futuro no parecía agradable.

Entonces un día el joven asistió a una conferencia sobre salud. Se sintió inspirado por lo que escuchó y se convenció de que podía hacer algo por su pobre condición física. Quiso que su futuro fuera mejor que su pasado, así que empezó a ejercitarse durante horas todos los días. También cambió dramáticamente sus hábitos alimentarios. Como resultado acumulativo de estas acciones, poco a poco cambió su apariencia, su autoimagen y su futuro.

Este joven abrió en 1936 uno de los primeros gimnasios en los Estados Unidos, porque deseaba comunicar a otros los beneficios que estaba disfrutando. Tocó de puerta en puerta en Oakland, California, promocionando su novedosa empresa de ejercicios. Después de casi seis décadas todavía promociona el ejercicio. Su reputación es internacional y muchos lo llaman «Míster Ejercicio». Se ha convertido en un éxito económico, pero más importante es que él mismo se convirtió en un éxito en la vida. Hoy día entrena individuos que son hasta cincuenta años menores que él. Sus hazañas de fortaleza y resistencia nos asombran a todos.

Tal vez ya te has imaginado que estoy hablando de Jack LaLanne. Él sería el primero en decirte que su cambio de dirección no fue fácil. Un cambio importante de dirección tampoco será fácil para ti, pero puedes iniciar el proceso con Jack LaLanne como modelo. Sigue su ejemplo y tu futuro será diferente y mejor que tu pasado. La decisión es tuya.

Si tienes una gran ambición, da el paso más grande que puedas para alcanzar. No te preocupes si ese paso es pequeño, siempre y cuando sea el más largo que puedes dar por ahora. (MILDRED MCAFEE)

Identifica el problema y luego soluciónalo

Ten cuidado de falsas o fáciles soluciones a los problemas complicados. Cuando encuentres un charlatán, escóndete.

Por fortuna, los problemas son parte diaria de nuestras vidas. Piensa en esto: Si no hubieran problemas, la mayoría de nosotros estaríamos desempleados. Siendo realistas, mientras más problemas tengamos y mayores sean estos, más valor tenemos para nuestros empleadores.

Por supuesto, algunos problemas son pequeños, como abrir una botella de salsa de tomate. Otros son enormes, como un niño o cónyuge gravemente enfermo o herido, lo cual presenta complicaciones diarias y continuas. El éxito en la vida llega cuando aprendemos a manejar esos problemas personales y comerciales con la menor ostentación posible. El próspero ejecutivo empresarial puede manejar desafíos y solucionar problemas de manera destacada. Ellos toman decisiones radicales y rápidas como resultado de años de experiencia. Con la misma rapidez, el ama de casa con niños pequeños en el hogar enfrenta muchas «catástrofes» cada hora.

Muchas personas utilizan métodos contraproducentes para tratar los problemas: No quieren reconocerlos, niegan su responsabilidad por ellos, creen que desaparecerán si no les hacen caso, o sencillamente se vuelven insensibles a ellos. El primer paso para resolver un problema es reconocer que existe. Luego determinamos si el problema es responsabilidad nuestra. Si la respuesta es positiva, debemos determinar cuán grave y urgente es. Después de tomar la última determinación, actuaremos rápidamente si el problema es fácil y rápido de resolver, o desarrollaremos un plan de acción y le daremos prioridad si la solución es más difícil y conlleva tiempo.

Resolver problemas se vuelve una parte muy importante de nuestro carácter a medida que llegamos a la madurez o subimos por la escalera empresarial. Te animo a que dediques tiempo a definir el problema de manera correcta y a adquirir la capacidad de un rápido análisis. Recuerda que si no hubiera problemas en tu vida, quizás tu puesto de trabajo no fuera necesario. La mayoría de los empleos tienen que ver con limar asperezas y solucionar problemas.

El niño pequeño a la madre: «Deberías estar orgullosa de tener un hijo con agallas suficientes para traer a casa una libreta de calificaciones como esa. Además, sabes que no hice trampa».

Reducir el costo de la atención médica

Haz un poco más de lo que debes. Da un poco más de lo que debes. Esfuérzate un poco más de lo que quieres. Ponte metas más altas de lo que creas posible, y agradece mucho a Dios por la salud, la familia y los amigos. —ART LINKLETTER

Según artículos periodísticos recientes, hay una manera novedosa e inesperada de bajar los costos de la atención médica. Los hospitales pueden ahorrar mucho al poner capellanes en sus equipos de asistencia médica. ¿Te sorprende? Los hospitales están empezando a reconocer que el bienestar espiritual puede ser fundamental en el proceso de sanidad. El Reverendo George Frank, director de cuidado pastoral en el Hospital Victory Memorial de Waukegan, Illinois, dice: «No creo que se pueda separar lo físico de lo emocional y lo espiritual. Las personas son seres integrales. No se puede tratar el cuerpo sin que haya un impacto espiritual o emocional».

Sé que los escépticos podrían discrepar filosóficamente con esta idea, pero no hablo de filosofía sino de realidades. Estos son los hechos: La doctora Elizabeth McSherry estudió entre 1991 y 1993 a setecientos pacientes coronarios admitidos en el Centro Brockton/West Roxbury, Virginia. La doctora McSherry es directora adjunta de un programa de administración hos-

47

pitalaria para veteranos, que ayuda a los médicos a controlar costos y mejorar la calidad. El grupo estudiado recibió algunos de los procedimientos disponibles más costosos y complicados, como operaciones de *bypass*, reemplazo de válvulas y cirugía de corazón abierto. También se estudiaron veteranos que sufrían de ataques cardíacos y de enfermedades crónicas del corazón.

Un grupo recibió visitas diarias de un capellán. El otro tuvo visitas de un capellán por un promedio de solo tres minutos durante toda su estadía en el hospital. El estudio mostró que los que tuvieron mayor contacto con los capellanes salieron dos días antes que los que no recibieron visitas regulares. La doctora McSherry calcula que el costo de las visitas de los capellanes no era de más de cien dólares diarios por paciente. Pero el ahorro por dar de alta a un paciente era hasta de cuatro mil dólares al día. El grupo visitado por capellanes tuvo también menos complicaciones después de la cirugía.

Esta parece una manera lógica de reducir dramáticamente nuestros costos de asistencia médica. Este enfoque también podría ser una buena idea para todas las etapas de nuestra vida.

Un individuo tenía una mente fotográfica. Por desgracia, nunca la reveló.

Reflexiones de un soldado

Liderazgo es la capacidad de persuadir a otros a que hagan lo que tú quieres que hagan porque quieren hacerlo.

—DWIGHT D. EISENHOWER

Tengo el privilegio de conocer al general Colin Powell y de haber participado en una reciente sesión de preguntas y respuestas con él. Creo que sus observaciones son dignas de repetirse.

Alguien preguntó: «¿Qué aprendió en la milicia?» El general Powell dijo que lo primero que aprendió fue que todos estaban al mismo nivel (gracias al corte uniforme de cabello que hacían a todos los reclutas). También aprendió: a mantenerse atento y saludar, lo que le inculcó disciplina y obediencia; a marchar al paso como parte de un equipo mientras se sentía orgulloso de ser parte de él; a que si no mantenía el paso con los demás, las consecuencias eran malas; y a que si se portaba bien, tanto él como su equipo recibían reconocimiento.

El general señaló que el entrenamiento físico básico fortalecía a los reclutas y los hacía tener respeto por sus cuerpos, capacitándolos para tener un mejor rendimiento. Observó que la primera semana es generalmente muy dura y que el sargento instructor era tan exigente que la mayoría de los reclutas desarrollaban una especie de odio colectivo hacia él. Sin embargo, este odio se desvanecía rápidamente. A la segunda semana de entrenamiento, el típico recluta hace todo lo posible por agradar a su sargento.

Este es un cambio asombroso. La disciplina significa para muchos reclutas amor y preocupación hacia ellos, lo que es una experiencia nueva para algunos. La verdad es que disciplinar es amar (si no pregunte a cualquier padre). La disciplina es esencial para todo individuo y crucial para los equipos. Sin disciplina ninguna unidad puede convertirse en una potente fuerza luchadora; y ninguna vida puede tener éxito verdadero sin ella.

Los criterios para llegar a ser un buen soldado o un próspero ciudadano son los mismos. Aprendemos a funcionar como miembros de un equipo solo después de poner nuestra vida personal bajo control y de aprender a «entrenar». Cuando lo sintetizas, en realidad dice que hay algo que podemos hacer por nuestro futuro.

—*¿Cuál es la diferencia entre un niño y un enano? —pregunta el siquiatra del ejército al joven recluta.*
—*Hay muchas diferencias —fue la respuesta.*
—*Dame un ejemplo —dijo el siquiatra.*
—*El enano podría ser una niña —aseveró el recluta.*

Esperanza en el futuro

Las cosas resultan lo mejor para quienes hacen lo mejor para que las cosas salgan lo mejor.

El doctor John Maxwell dice que si hay esperanza en el futuro, hay poder en el presente. La razón es sencilla: La esperanza en el futuro tiene una influencia dramática en tu pensamiento actual. Este determina tu rendimiento, y tu rendimiento de hoy día tiene relación con tu futuro. El doctor Tony Campolo de la Universidad Oriental de Pensilvania dice que tu pasado es importante debido a que te trajo hasta donde estás. Pero por importante que sea, no es tan importante como la manera en que ves tu futuro. Él dice: «Comprendo los problemas de tu pasado. Sé que te maltrataron cuando eras niño, que te criaron padres alcohólicos, que sufriste bancarrota, depresión y alcoholismo. Pasaste por uno o varios divorcios. Todo esos fueron acontecimientos traumáticos que afectaron tu manera de pensar y de actuar». El doctor Campolo de ninguna manera niega la influencia de tu pasado, porque muchos de tales sucesos son muy importantes. Sin embargo, dice que a pesar de eso, la manera en que vislumbras tu futuro es aun más importante.

John Johnson, editor y propietario de la revista *Ebony* y uno de los cuatrocientos hombres más ricos de los Estados Unidos, dice que «los hombres y las mujeres no están limitados por el lugar en que nacieron ni por el color de su piel sino por la magnitud de su esperanza».

Hazte amigo de tu pasado para que te enfoques en el presente, lo que hará tu mañana aún mejor. Si conoces mis escritos te darás cuenta de que mi naturaleza es la de un optimista y que no puedo ver nada con pesimismo. No estoy hablando de negar la realidad sino de enfrentarla de manera optimista.

Quizás sea cierto que la mayoría de las personas no saben manejar la prosperidad, pero también es cierto que la mayoría no tiene que hacerlo.

La «base» de tu actitud

Admitir un error es un comienzo; corregirlo es un paso hacia adelante; continuar es el éxito.

Durante años he hablado en miles de reuniones de casi todo tipo. Lo he hecho ante grupos de doce y en una ocasión ante una multitud de sesenta mil. He notado constantemente una tendencia en todas las audiencias, en especial en conferencias sobre liderazgo y administración, y organizaciones de ventas. Casi sin excepción las personas que más venden se sientan al frente o muy cerca, dependiendo de su visión y del ángulo de las sillas que han elegido.

Quienes ya «lo saben todo» o sienten que lo saben, o los que consideran esto una pérdida de tiempo o creen que «ya antes lo habían oído», invariablemente llegan tarde o en el último momento y sin preparación. Son también quienes más se ven intranquilos en sus asientos, salen temprano o conversan con la persona sentada a su lado.

He observado también que cuando estas mismas personas van a un evento deportivo o un espectáculo, quieren el mejor asiento. Por lo general llegan con mucha anticipación y se irritan cuando otra persona les distrae.

Con todo esto quiero decir que las personas de la primera línea en genereral vienen a las reuniones educacionales o inspiracionales con grandes expectativas. Llegan preparadas para aprender y toman notas. Un estudio de la Universidad de Harvard reveló que quienes más aprovechan las reuniones (a) llegan con la expectativa de obtener grandes ideas, (b) toman notas, y (c) hablan con sus colegas sobre lo que han aprendido y comparan las notas. De esta manera refuerzan lo que aprendieron y obtienen de otras personas puntos que se perdieron. En resumen, estos individuos son ganadores porque planifican ganar, se preparan para ganar y esperan ganar. Ese es un buen enfoque para la vida.

No puedes ser una persona lista si tienes una actitud miserable. (JOHN MAXWELL)

Concéntrate en tus responsabilidades

No podemos convertirnos en lo que necesitamos ser si permanecemos como somos.

De vez en cuando tengo el privilegio de hablar ante equipos universitarios y profesionales de fútbol americano. Otras veces he tenido la oportunidad de hablar a entrenadores en niveles universitarios. En una de estas ocasiones escuché al ex entrenador de la Universidad de Texas, John Mackovic, hacer una interesante observación que en mi opinión se aplica a cualquier campo del comportamiento.

El hombre dijo que cuando su equipo está en la ofensiva, él está «interesado» en el alineamiento defensivo, pero está «esencialmente preocupado» en lo que sus jugadores se disponen a hacer. Observó que si había reclutado los jugadores adecuados, si los había entrenado de manera apropiada, y si él y su cuerpo técnico habían desarrollado un buen plan de juego, tenía confianza en que su equipo anotaría más puntos que su oponente.

Luego el entrenador invertía la observación y suponía que el oponente tuviera la pelota. Entonces estaba interesado en lo que sus hombres y su plan de juego requerían, pero le «preocupaba esencialmente» su alineamiento defensivo y lo que sus jugadores iban a hacer.

Esa lección se puede aplicar a lo que hacemos, sin importar lo que sea. Interésate en lo que otros están haciendo, pero preocúpate principalmente en tu propio desempeño. Si tus compañeros de trabajo llegan tarde y su rendimiento es escaso, míralo como una oportunidad para dar más de ti y trepar más rápido por la escalera empresarial.

Recuerda: si estás en posición de liderazgo, tu responsabilidad es elegir las personas adecuadas, luego entrénalas y motívalas a usar toda su capacidad. Peter Drucker dijo: «Liderazgo es levantar la visión de una persona a perspectivas más elevadas, elevar el rendimiento de alguien a niveles más altos y edificar una personalidad más allá de sus limitaciones normales». Haz tuyo este concepto y mejorarán considerablemente tanto la eficacia de tu liderazgo como el rendimiento de tu equipo.

Puedes asegurar que el romance se está volviendo serio cuando la chica comienza a preguntarle a su mamá cómo descongelar comida.

Abrazar es la respuesta

Vigila tus pensamientos, estos se convierten en palabras. Vigila tus palabras, estas se convierten acciones. Vigila tus acciones, estas se convierten en hábitos. Vigila tus hábitos, estos se convierten en carácter. Vigila tu carácter, este se convierte en tu destino.

—MOTTO, METROPOLITAN MILWAUKEE YMCA

Quizás me siento de esta manera porque a mi esposa se le conoce cariñosamente como «La feliz abrazadora». Si algo se mueve, ella se detiene y lo abraza; si no se mueve, ¡le quita el polvo y lo vende! Sin embargo, existe otra razón para que yo crea que abrazar es la respuesta. Según Greg Risberg del Instituto Médico Universitario Noroccidental de Chicago, entre los beneficios sicológicos de abrazar están la reducción de la presión sanguínea y el incremento del oxígeno en la sangre. Asegura que todos tenemos una «piel sedienta», y que se nos escapa una parte vital de nuestra salud si no participamos seriamente de los abrazos. Él sostiene que cuatro abrazos diarios son los requerimientos mínimos para calmar esa piel sedienta. Desde mi perspectiva, necesito muchos más que cuatro. Stanley Simon de la Universidad de Massachusetts dice que «abrazar es más que demostrar cariño.

En realidad parece mantener saludable a las personas. La piel es el órgano sensorial más grande del cuerpo. Si no están suficientemente estimuladas, muchas personas en verdad desarrollan una sensación dolorosa. Para estos individuos será más difícil estar y mantenerse bien».

Por el bien de los maridos, diré algo acerca de sus esposas. A ellas les encantan los abrazos, pero se resienten si sus esposos no les hacen caso en todo el día para luego darles toda su atención cuando las luces se apagan en la noche. Ellas quieren un abrazo cuando un abrazo es todo lo que ustedes tienen en la mente. No necesariamente desean que el abrazo sea largo y en la mayoría de los casos no quieren que sea insinuante o sensual. El abrazo en realidad significa: «Te amo, disfruto estar cerca de ti, eres importante para mí, espero pasar más tiempo contigo». Un antiguo dicho dice que las acciones hablan más fuerte que las palabras. Tomarse unos pocos segundos unas cuantas veces al día, para tener y dar esos abrazos no provocativos, habla en realidad a todo volumen. Inténtalo.

Si actúas como un zorro, con el tiempo alguien llegará a saberlo.

58

Busca soluciones de beneficio mutuo

*Un ganador es tan grande que admite sus errores,
tan inteligente que les saca provecho y tan firme que
los corrige.*

—JOHN MAXWELL

Todo problema tiene una solución, pero las mejores soluciones traen siempre beneficios mutuos. Howard Putnam narra esta historia en su libro *The Winds of Turbulence* [Vientos turbulentos]: En el Hospital Baylor de Dallas había un grave problema. No podían conseguir enfermeras dispuestas a trabajar los fines de semana, porque todas querían estar con sus familias. Los líderes reconocían que también había un número de enfermeras, particularmente quienes tenían niños pequeños, que deseaban estar con sus hijos durante la semana para pasar con ellos la mayor cantidad de tiempo posible. En la mayoría de los casos las enfermeras casadas tenían esposos que trabajaban de lunes a viernes. Las madres solteras tenían aun mayor necesidad de estar con sus hijos la mayor cantidad de tiempo posible, así que el pensamiento era sencillo: *¿Podemos suplir las necesidades de todas estas enfermeras?*

La directiva se hizo estas preguntas: ¿Cómo podemos ayudar a estas madres a lograr lo que desean? ¿Cómo podemos ayudar a las enfermeras de tiempo completo a conseguir lo que desean? La solución, como lo señala el señor Putnam, era tan obvia que uno se maravilla del tiempo que les llevó concebir la respuesta. He aquí lo que hicieron: Puesto que el trabajo de fin de semana por lo general se considera sobretiempo, decidieron hacer turnos de doce horas los sábados y domingos, para un total de veinticuatro horas de servicio. Pagaron a esas enfermeras como si trabajaran toda una semana de cuarenta horas, de modo que ellas estaban contentas con esa clase de horario. Por otro lado, las enfermeras que sencillamente no querían trabajar sobretiempo o los fines de semana también quedaron complacidas al mantener su horario normal. Esta fue verdaderamente una situación de ganador a ganador. Las enfermeras de fin de semana ganaron, las enfermeras de tiempo completo ganaron y tanto el hospital como los pacientes fueron también grandes ganadores.

La directiva hizo lo mejor. El mensaje es claro: Examina tus alternativas; investiga cuál podría ser el problema y pregúntate: *¿Está la solución en el problema?* En muchos casos está.

Mi problema es que siempre soy bueno cuando nadie me observa. (DANIEL EL TRAVIESO)

Todos lo hicieron bien

Se te ha dado la ciudadanía de una nación como nin-
guna otra en la tierra, con oportunidades a tu dispo-
sición como en ningún otro lugar en el mundo. Lo
único que te pedimos es que trabajes duro; nada se te
dará. Utiliza tu educación y éxito en la vida para
ayudar a quienes se encuentran atrapados en ciclos
de pobreza y violencia. Por sobre todo, nunca pier-
das la fe en los Estados Unidos. Sus fallas son para
que las corrijas, no para que maldigas.

—GENERAL COLIN POWELL

Hoy me gustaría hablar de una familia destacada de
las zonas pobres de New Orleans: los Lundy-Smith. Su-
sie Mae Lundy y su esposo, Willie J. Smith, un pastor
bautista, criaron con éxito nueve hijos. Según la revista
Fortune, los padres establecieron un ejemplo empresarial basado en el compromiso, la fe y el trabajo duro.
Cada hijo creció con responsabilidades asignadas. Desde los cinco años, los seis niños debían lavar y barrer el
piso de la estación de gasolina Esso y del taller de mecá-
nica de la familia. Uno de los hijos, Larry, propietario de
treinta y un restaurantes Pizza Hut, dice que a todos les
hicieron saber que lo que la familia comería al final de la
jornada dependía de lo que hicieran durante el día. Tal

clase de motivación es muy fácil de entender, y puede ser muy efectiva.

Hoy día, Michael es un ejecutivo de la Mobil Oil en Houston; Harold es presidente de la Universidad Estatal Grambling de Louisiana; Mark y Wilton son consejeros siquiatras en Houston; Nell es maestro de escuela elemental en Houston: Lloyd es vicepresidente de Industrias Goodwill en Baumont, Texas; Jackie es enfermera en una sala de emergencias y Yolanda es contadora, ambas en New Orleans. Todos trabajan duro y son ciudadanos productivos desde muy jóvenes. En 1978, todos los chicos dirigieron una donación de fondos y recaudaron casi $65.000 para construir la iglesia que ahora dirigen sus padres. Estos «muchachos» también le han dado a sus padres catorce nietos y tres bisnietos.

En verdad parece que el sueño estadounidense todavía está vivo para quienes están dispuestos a trabajar duro y creen en él, particularmente si tienen padres que los guían y dirigen desde temprana edad.

Ese pueblo en la costa era tan aburrido que cuando bajó la marea, no quiso regresar.

«Los dos estamos en el mismo lado»

Recuerda que cuando estás de pie en el borde de un acantilado, la mejor manera de adelantar es retrocediendo.

Una de mis historias favoritas se relaciona con un joven que se vio frente a tres agresivos matones. Con rapidez trazó una línea en el suelo, retrocedió varios pasos, miró a los ojos al más grande de los matones y le dijo: «Ahora, atraviesa esa línea». El fornido matón atravesó confiadamente la línea, dispuesto a confundir al chico. Este de inmediato dijo: «Ahora los dos estamos en el mismo lado».

Físicamente los dos estaban en el mismo lado. Pero emocionalmente todavía los separaba una gran distancia. El chico mejoró sus posibilidades de colocarse emocionalmente en el mismo lado con este toque de inteligencia y sabiduría. Esta es una excelente combinación para disolver muchas situaciones de crisis y representa un paso importante en la solución de cualquier problema existente.

Hay varias lecciones que padres, administradores y educadores pueden aprender de esta historia. Primero, ya sea una situación de padre a hijo, de empleador a empleado, o de maestro a estudiante, los dos en realidad están en el mismo lado y la mejor manera de poder ganar es que ambas partes ganen. Segundo, el sentido de humor puede ser de gran ayuda para disolver las barreras de comunicación al revelar tu naturaleza humana y establecer una armonía. Tercero, a veces es necesario que el matón más grande (la persona con autoridad) se coloque en el otro lado (que atraviese la línea). Esto permite a los socios, hijos o empleados comprender con claridad que en realidad están en el mismo lado y dispuestos a escuchar las ideas de ambos lados de la línea. El cuarto mensaje es que siempre es importante y ventajoso mantener nuestra perspectiva al ser receptivos y justos cuando vemos la vida desde el punto de vista de la otra persona.

Disfruta de tus hijos mientras aún están jóvenes y a tu lado.

Ella aprobó el examen, ¿puedes tú?

Está bien jubilarse en un empleo, pero nunca deberías jubilarte del trabajo.

Las cirugías importantes exigen no solo un cirujano hábil sino gran cantidad de hábiles asistentes para asegurarse de que todo salga bien. Ellos funcionan como un equipo. Nadie, sin importar cuán brillante sea, puede hacer una operación solo.

Hace poco, una nueva jefa de enfermeras en un importante centro médico iniciaba su primera tarea. Estaba encargada de todas las enfermeras en el equipo del quirófano. Tenía responsabilidad total por el desempeño de los deberes de todas ellas.

—Muy bien —dijo el cirujano cuando terminó la cirugía—, es hora de cerrar la incisión. Necesito el hilo.

—Doctor —dijo la nueva jefa de enfermeras—, usted utilizó doce gasas; solo hemos retirado once.

El cirujano le aseguró que se habían retirado todas las gasas y que estaba listo para suturar.

—Doctor, usted usó doce gasas y se han retirado solo once —replicó la enfermera.

—Acepto la responsabilidad completa —dijo el médico con un poco de irritación en su voz.

En ese momento la enfermera se enardeció y enfrentó al médico.

—Doctor —dijo—, ¡piense en el paciente!

Cuando la enfermera dijo eso, el médico sonrió, levantó el pie y mostró la gasa número doce. Se dirigió a ella.

—Pasaste la prueba.

Su integridad se había probado y aprobó con honores.

La pregunta es: ¿Cuántos de nosotros bajo idénticas circunstancias nos habríamos arriesgado a ofender al cirujano, recordando que había la posibilidad de que hubiéramos contado mal? Sin embargo, esta enfermera sintió que la vida y salud del paciente estaban en peligro, y sin dudarlo hizo lo que debía hacer. En todo el largo recorrido, esa es la mejor manera de llegar a la cumbre y permanecer en ella.

Quienes construyen equipos son las bolsitas del té de la vida. Actúan cuando el agua está caliente. (ROGER STAUBACH)

Una filosofía para la vida

Las personas de éxito dicen a otros cómo subir, no por dónde bajar.

La sabiduría retrocede un largo camino y llega en forma de ejemplo, ilustraciones, historias, frases trilladas, parábolas, etc. Uno de los más antiguos refranes filosóficos dice que «por la falta de un clavo se perdió una herradura, por la falta de una herradura se perdió un caballo, por la falta de un caballo se perdió un jinete, por la falta de un jinete se perdió un líder, por la falta de un líder se perdió una batalla, por la falta de una victoria se perdió una guerra, por la falta de un plan se perdió un país».

Una variación de lo anterior muy bien podría estar en la forma de algunas filosofías chinas, que a menudo son ricas en sabiduría y verdad. Estas tienen verdades que se aplican a las personas y las naciones, sin importar el siglo en que estemos viviendo. Una de esas perlas es: «Si hay justicia en el corazón, habrá responsabilidad en el carácter. Si hay responsabilidad en el carácter, habrá armonía en el hogar. Si hay armonía en el hogar, habrá orden en la nación. Si hay orden en la nación, habrá paz en el mundo».

Esta filosofía es sencilla y profunda. *Sencilla* significa «simple, no complicada, como una máquina de construcción sencilla». Creo que estarás de acuerdo en que la mayoría de nosotros apreciamos algunas cosas sencillas y fáciles de comprender, tales como la verdad y la integridad. La palabra *profundo* significa «hondo, intenso, o que se encuentra muy por debajo de la superficie, no superficial». *Profundo* también significa «humilde» en sumo grado, como en una profunda reverencia por el Ser Supremo. Seguramente eso nos da algo en que pensar, ¿no es así?

Las personas modernas son ignorantes en economía y en geografía. Esto debe ser cierto porque continuamente oímos decir a los demás: «¿Adónde fue a parar todo mi dinero?»

Elizabeth amaba a Oscar

El amor es un juego en el que pueden jugar dos, y ambos pueden ganar.

El hecho de que Elizabeth amaba a Oscar no podría parecer un título para este material, pero para mí sí lo es. Elizabeth es mi nieta especial. Nació con retardo mental y la vida le presenta muchos desafíos. Uno muy frustrante ha sido un absoluto terror a los perros. El solo ladrido de un perro la puede hacer llorar. Es tan terrible que ella no sale a caminar en el vecindario debido a los perros detrás de las cercas. Cada vez se siente más y más incómoda en el mundo.

Un gran avance llegó cuando Elizabeth vio y cargó a Oscar, un diminuto y melenudo perro salchicha. Como pesaba menos de un kilo, ella no vio amenaza alguna en esta pequeña mascota. Estaba feliz y nosotros estábamos emocionados, por lo tanto le regalamos el perrito en su cumpleaños. Unas semanas después, nuestra hija Cindy Oates y su enorme perro dorado de rescate, Emmitt, comenzaron a trabajar con Elizabeth en terapia canina. El objetivo primordial de Cindy era lograr que Elizabeth se sintiera a gusto con Emmitt hasta el punto de tocarlo. En poco tiempo lo logró y ahora se siente bien con Emmitt a su lado, así como con muchos otros perros.

La calidad de la vida de Elizabeth ha mejorado de manera considerable debido a estos dos perros, y su caso no es único. En todo el país las mascotas, y particularmente los perros, ayudan a niños, adultos y ancianos mediante la terapia canina. Este es uno de los campos de más rápido crecimiento en los Estados Unidos, y la demanda de perros y adultos que trabajen con ellos es mucho mayor que la oferta. Hoy día se utilizan perros entrenados para terapia en ambientes hospitalarios para ayudar a los pacientes a hacer cosas que estos no pueden hacer debido a accidentes, adicciones o traumas de cualquier naturaleza.

Es cierto que otros te pueden proporcionar alegría, pero la felicidad llega cuando haces algo por otras personas. Si tu tiempo lo permite, participa en un programa de terapia con mascotas.

Una razón de por qué un perro puede ser un gran consuelo cuando te sientes triste es que no intenta averiguar por qué estás así.

Soy C2 y Dietético

Recuerda, la felicidad no depende de quién eres o de lo que tienes. Depende solo de lo que piensas.

—DALE CARNEGIE

Hace algunos años oí hablar de un individuo que devolvió una llamada telefónica.

—286-7495 —le contestó una voz.

—Estoy devolviendo la llamada al señor Anderson —replicó el caballero.

—¿Quién habla? —contestó la operadora.

—233-9191 —respondió él.

Parece que muchas personas se han convertido en simples números en nuestro mundo descuidado y tecnológico. Esto me sucedió hace poco tiempo al registrarme en la puerta de embarque durante uno de mis vuelos. Cuando mostré el boleto con la tarjeta de embarque al empleado de la línea aérea, él levantó su micrófono y dijo al auxiliar de vuelo: «C2 está aquí».

Lo que quiso decir era sencillamente que yo tenía el asiento C2 y que estaba en la puerta de embarque.

«Vaya, esta es la primera vez que me identifican como un número de asiento» le dije sonriendo.

El empleado rió mientras yo abordaba el avión, luego me senté y despegamos. Cuando llegó la hora de la merienda, el auxiliar de vuelo empezó a nombrar las alternativas de menú para los pasajeros.

«Solicité de antemano una comida especial», le dije al auxiliar cuando llegó a mi lado.

El individuo se dirigió a otro auxiliar: «Dietético está aquí», dijo.

Puesto que prefiero que me llamen Zig, me agrada que los nombres C2 y Dietético no me queden bien.

Encuentro un poco entretenido pero, de una extraña manera, un poco triste que lleguemos a tal punto en que nos podemos relacionar unos a otros como un número o una letra. Esto es especialmente cierto en esta época de la historia en que las fusiones, las reducciones, los derechos, los negociados, las jubilaciones a temprana edad y la bancarrota han creado estrés y temor en el mercado. Las personas necesitan hoy día esperanza y aliento, combinados con preocupación y cuidado sinceros de aquellos con quienes tratamos de manera regular. Cuando pagamos nuestras cuentas con un cheque o una tarjeta de crédito, nos gustaría que nos llamaran por el nombre. No soy «C2» ni «Dietético» sino un ser humano, y tú también. Dejemos de tratarnos de esa manera.

Comprende que nadie que sea alguien para nadie puede ser alguien.

En medio del humo

*El fracaso debería ser nuestro maestro, no nuestro
enterrador. El fracaso es demora, no derrota. Es un
desvío temporal, no una calle sin salida.*

—JOHN MAXWELL

Hace poco vi dos atractivas adolescentes fumando cigarrillos. A las claras se veía que eran fumadoras novatas. Como un padre que ha visto a dos de sus hijas pasar por la agonía de intentar dejar de fumar, quise dar a esas dos chicas un consejo y un sermón. No lo hice, porque ellas con todo su derecho me habrían dicho que no era asunto mío. Como un empleador, las miré y supe que estaban definitivamente poniendo en peligro sus oportunidades de conseguir mejores empleos. Muchas empresas no contratan fumadores. Las miré como futuras madres y supe lo que ese humo haría a sus bebés, sin embargo ellas continuarían fumando y tal vez se convertirían en madres.

Como miembro de una familia de doce con solo tres hermanos vivos, estuve tentado a explicar a esas dos muchachas que todos los miembros de mi familia que fumaban habían muerto. La diferencia en tiempo de vida entre los fumadores y los no fumadores es diecinueve años. Si los tres miembros sobrevivientes de mi familia alcanzaran el promedio de vida que se predice para hoy día, la diferencia sería más de veinte años.

Si, estuve tentado a interceder, pero no lo hice. Seguramente hay algunos ciudadanos responsables que pueden intervenir en la industria tabacalera y obligarla a salir del mercado. ¿Tenemos en verdad que ver otra generación de niños en medio del humo?

Los políticos deben comprender que es inmoral aceptar contribuciones de las empresas tabacaleras y que algún día debemos pagar por las atrocidades que hoy día estamos cometiendo en los países del tercer mundo al enviarles nuestros cigarrillos por miles de millones. Nuestro tabaco matará más de esas personas que toda la cocaína y heroína que llega a nuestra nación desde esos países. Al hablar de hipocresía, debemos examinar con cuidado nuestros propios valores en este gran país. En realidad esto es un ultraje internacional.

Si quieres alejar a los adolescentes del agua caliente, solo pon platos sucios en ella.

Una extraña manera
de mostrar amor

No es necesario que todos pensemos del mismo modo, pero todos debemos pensar.

La jirafa es el más grande de los mamíferos que pare sus crías estando de pie. No hablo el idioma de las jirafas, pero puedo imaginar lo que debe pensar el bebé jirafa mientras cae a tierra desde tan grande altura. Acaba de salir del cálido y suave alojamiento que le suplía todas sus necesidades, comodidades y seguridades. Ahora se encuentra rebotando (hablando de manera comparativa) en una tierra dura, fría e inhóspita.

Casi inmediatamente después ocurre un nuevo trauma en la vida del bebé jirafa. Mientras lucha por ponerse de rodillas, mamá jirafa se mantiene ocupada «persuadiéndolo» a levantarse. Mientras él se bambolea en las patas, ella le da una ligera patada que lo estimula a moverse más rápido. Tan pronto el bebé jirafa se afirma en sus patas, mamá le da una retumbante patada que lo derriba.

Repito que no hablo su idioma, pero imagino muy bien el pensamiento del bebé jirafa: *Vaya, ¡revisa tus acciones, mamá! Primero me pateas para que me levante. ¡Luego me pateas para hacerme caer!* Más interesante aun es que una vez que el bebé cae a tierra, mamá jirafa comienza de nuevo a patearlo y empujarlo para que se pare de nuevo en las patas.

Tal proceso se repite varias veces porque mamá jirafa ama a su cría. ¿O será instinto? ¿Quién lo puede asegurar? Sin embargo, con certeza sabemos esto: El bebé jirafa es un manjar exquisito para los animales carnívoros, que son parte de su medio. Mamá jirafa sabe que la única manera de sobrevivir que tiene su hijo es ponerse rápidamente en pie y salir del ambiente de peligro. Sí, derribar y levantar al bebé a patadas parece un modo extraño de mostrar amor. Pero para una jirafa recién nacida es la verdadera expresión de amor. Advertencia: Ese enfoque definitivamente no funciona en el mundo del «hombre», pero el principio sí. El amor verdadero se evidencia cuando haces lo mejor por otra persona, ya sea que lo agradezca o no en ese momento.

Dicen que es imposible, pero eso en ocasiones no siempre es así. (La leyenda del béisbol Casey Stengel, en EXECUTIVE SPEECHWRITER NEWSLETTER)

La joven persuasiva

Los mejores regalos están envueltos en amor y atados con compasión.

A los pocos días de nacida mi segunda hija tuve que viajar a Carolina del Sur desde nuestro hogar en Knoxville, Tennessee. Al regreso, una inesperada tormenta de nieve me dejó atrapado toda la noche junto a otros centenares de motoristas. Por suerte, yo estaba exactamente detrás de un agradable y cálido autobús interestatal. El conductor fue tan amable que me permitió subir a bordo y pasar la noche en el interior. La carretera estuvo despejada la mañana siguiente y me dirigí a casa.

Tan pronto dejé el auto en la entrada y entré a casa, mi esposa me dijo que necesitábamos algunas cosas para la bebita. Me volví a poner mi pesado abrigo y me dirigí a la puerta.

—Papito, quiero ir contigo —dijo entonces Suzan, mi hija de casi cuatro años.

Le expliqué que el clima era inclemente, que estaría fuera solo unos minutos y que lo mejor sería que ella se quedara en casa.

—Pero, papi, me sentiré muy sola —dijo, como solo podría hacerlo una niña de cuatro años.

—Mira, muñeca, aquí se quedan tu madre y tu nueva hermanita, además de Lizzie (quien era nuestra nana).

—Pero, papi, me sentiré muy sola sin ti —dijo mientras me miraba directamente.

Es innecesario decir que ese día ella fue a la tienda conmigo.

Al recordar, esa es persuasión de la mejor, nacida del corazón, sin malicia ni engaño. Ella me hizo sentir importante de manera sencilla y directa, yo era el único que la iba a hacer sentir solitaria. Creo que mejoraríamos dramáticamente nuestra comunicación y nuestro poder de persuasión si actuáramos con franqueza, habláramos desde el corazón y de manera cariñosa fuéramos francos y directos con los demás.

Nunca nadie ha perdido la vista por mirar el lado bueno.

Máximo optimismo

La personalidad tiene el poder de abrir puertas, pero el carácter es el que se encarga de mantenerlas abiertas.

La mayoría de personas me consideran optimista porque declaro con una sonrisa que gastaría mis últimos dos dólares en comprar una billetera. ¡Incluso iría en bote de remos a pescar una ballena y llevaría la salsa tártara! Sin embargo, debo confesar que no le llego ni a la suela del zapato a la dama optimista que vivía en un hogar de jubilados. Un día llegó a vivir al hogar un distinguido y atractivo caballero. Quiso la suerte que el primer día se sentaran uno frente al otro durante el almuerzo. A los pocos minutos él se sintió incómodo debido a que ella lo miraba con intensidad. Finalmente expresó su incomodidad y le preguntó por qué lo estaba mirando. Ella respondió que lo miraba porque le recordaba mucho a su tercer marido: el mismo porte, la misma sonrisa, la misma altura, el mismo peso, todo.

—¡Tu tercer marido! ¿Cuántas veces has estado casada? —replicó el caballero algo sorprendido.

—Dos veces —dijo la dama sonriendo.

Vaya. ¡Eso es optimismo!

Debo confesar que soy un optimista práctico. Me encanta la historia de un individuo que estaba haciendo un recorrido por el Centro Mann para el Desarrollo del Arte en Tel Aviv. El guía estaba señalando las características de la imponente estructura. La mampostería era de increíble belleza. Las paredes decoradas, las pinturas y las incrustaciones doradas eran espléndidas.

—Supongo que le pusieron el nombre al edificio en honor de Horace Mann, el famoso escritor —dijo al final el turista.

—No —respondió el guía con una sonrisa— le pusimos el nombre de Frederick Mann, de Filadelfia.

—¿Frederick Mann? ¿Qué firmó? —comentó el individuo.

—Un cheque.

¡Eso es ser práctico!

Quizás te podría interesar que el *Diccionario Noah Webster* de 1828 identifica al optimista en buenos términos, pero no dice nada del pesimista. En ese tiempo la palabra *pesimista* no estaba en nuestro vocabulario. Es una «invención» moderna que creo deberíamos «desinventar». Te aliento a que te vuelvas un optimista práctico.

El momento de hacer amigos es antes de que los necesites.

Los tres lados de la historia

Tu infelicidad no se debe a tus deseos de riqueza, posición elevada, fama o suficiente fortaleza. No se debe a un deseo de algo fuera de ti sino a un deseo de algo en tu interior. Fuiste hecho para la felicidad perfecta. No en vano te desilusionará todo lo que no provenga de Dios.

—FULTON SHEEN

Mi madre decía con frecuencia: «Hay tres lados en toda historia: el tuyo, el de los demás y el verdadero». A través de los años he llegado a la conclusión de que ella estaba en lo cierto la mayoría de las veces. Cuán a menudo, cuando oímos la primera versión de una historia, ¿no parece que alguien es culpable sin que haya la menor duda? Más tarde conocemos el «otro lado de la historia» y cambiamos de opinión por completo. Un buen consejo es: «No te apresures a juzgar».

Un ejemplo típico es algo que sucedió hace poco en nuestra empresa. Un empleado me informó un incidente en el cual no participó directamente, pero que había escuchado «de buena fuente». La evidencia parecía sugerir que se había cometido un grave error por el juicio de un miembro importante del personal. No obstante, el panorama cambió dramáticamente después de hablar con

81

los que estaban directamente involucrados, quienes tenían toda la información relacionada.

Tres lados estaban involucrados. Cada uno tenía la razón, pero la información crítica estaba incompleta. Esto llevó a la conclusión original equivocada de que se había cometido un error grave. Lo que se necesitaba era el viejo recurso de Paul Harvey: «El resto de la historia», el cual validara el hecho de que existían tres lados.

Te animo, particularmente si estás en una posición de mando o de tomar de decisiones relacionadas con otras personas, que escuches con sumo cuidado lo que dice el mensajero. No tomes decisiones, no hagas promesas ni juicios hasta que no hayas oído la otra parte de la historia. Usa ese enfoque y ganarás más amigos e influirás más en otras personas.

La mayoría de las personas que reprochan su suerte nunca piensan en cuestionar su juicio.

Padres, ustedes sí escogen los maridos de sus hijas

Si lo que crees no afecta tu vida, entonces no es muy importante.

—DICK NOGLEBERG

No me malinterpretes. No estoy sugiriendo que mires el periódico o el vecindario para seleccionar el marido que crees adecuado para tu hija. Sin embargo, me gustaría señalar que *sí* la ayudas a seleccionar su futuro marido. El proceso empieza cuando tu pequeña está felizmente sentada en tus rodillas o montada en tu espalda. La verdad es que el primer conocimiento que nuestras hijas obtienen sobre la relación con el sexo opuesto viene de sus padres. Lo que enseñes a tu hija acerca de cómo tratan los hombres a las mujeres se vuelve la piedra angular de sus expectativas. Si tratas a tu esposa con cortesía y respeto, tu hija archivará eso en la memoria como la manera en que su futuro marido la deberá tratar.

Cuando tu hija ve que amas a su madre y la tratas con respeto, se convence que los hombres deben tratar así a sus esposas. Sin embargo, si tu hija ve que maltratas a su madre, aprenderá que esa es la manera en que los hombres tratan a las mujeres y no se sorprenderá (aunque es obvio que no le gustará) si su esposo la maltrata. Esto es especialmente cierto si ocurre poco a poco durante el proceso de noviazgo y empeora una vez casada.

Cuando nos casamos, una de las cosas que mi suegra le dijo a mi esposa fue: «Haz tomado una decisión para toda la vida, pero si él llega a maltratarte, tú tienes un hogar al que puedes volver». Por la más extraña de las coincidencias, eso es lo que decimos a nuestros hijos. Tal vez esta comunicación hacia una de nuestras hijas la ayudó, así como a nosotros, a evitar un trágico error.

Por lo tanto, padre, todo lo que en realidad quiere decir esto es que si amas a tu pequeña hija, debes tratar a su madre con respeto y dignidad. Si lo haces, ella tendrá las mejores posibilidades de escoger sabiamente su marido. Es más, él tal vez será el individuo que el viejo papá habría escogido.

Vanidad: las personas no deberían olvidar el consejo de mamá ballena a su hijo: «Recuerda que solo cuando tiras chorros es que te lanzan arpones».

He aquí por qué soy un seguidor de los Boy Scouts

La mejor clasificación del carácter de un individuo es (a) cómo trata a quienes no le pueden hacer ningún bien y (b) cómo trata a quienes no pueden luchar contra él.

El quinceañero B.J. Russell de Spokane, Washington estaba montando en motocicleta, el 26 de septiembre de 1993, en compañía de su padre Don y de un amigo, Dave Hibb. Iban en fila a diez kilómetros por hora en un camino lleno de surcos. Dave avanzaba de último. De repente, B.J y su padre oyeron un duro golpe seguido de un lamento de dolor. Dave había golpeado un surco y se había caído. Su moto estaba encima de él, todavía prendida y chorreando gasolina. B.J. la levantó y descubrió que la rótula izquierda de Dave estaba gravemente dislocada y que su amigo se contraía por el intenso dolor. Entonces el papá de B.J inició el viaje de cuarenta y cinco minutos hasta la camioneta de Dave. Mientras tanto, B.J. entablilló la pierna herida utilizando técnicas aprendidas con los Boy Scouts. Para colocar la rótula en su posición original usó ramas caídas y una cuerda que llevaba. Luego sacó a Dave del medio de la vía, le dio algo de agua y lo tranquilizó lo mejor que pudo. Más tarde en el hospital, el médico dijo que la rodilla ya estaba bien colocada gracias al entablillado de B.J.

La parte fascinante de la historia es el hecho de que era una completa diversión al aire libre entre padre, hijo y amigo. Cuando ocurrió el accidente, gracias a lo que aprendió en los Boy Scouts, B.J. pudo hacer lo necesario para calmar algo del dolor, acelerar la curación de la rodilla y reducir el tiempo requerido para la rehabilitación.

Hoy día es emocionante saber que los padres de familia tienen un lugar a dónde ir para encontrar un gran modelo a fin de disfrutar y desarrollar el carácter de sus hijos. Piensa en esto y si tienes un joven entre nueve y dieciocho años, involúcralo con los Boy Scouts.

Un turista atrapó un pescado tan grande que se dislocó los dos hombros al describirlo.

Inténtalo, tal vez puedas

Todos escuchan solamente lo que entienden.

—GOETHE

Me encanta la historia de la dama de noventa años a la que le preguntaron si podía tocar el piano.

—No sé —respondió.

—¿Qué quiere decir con que no sabe? —le preguntaron.

—Nunca lo he intentado —contestó sonriendo.

Esa es una buena respuesta que espero abra algunos ojos, oídos y pensamientos. Muchos de nosotros tenemos talentos que nunca hemos aprovechado porque no hemos «intentado» hacer algo específico.

Casi todos reconocen el nombre de Nat «King» Cole. En todo el mundo se admiró su hermosa y suave voz. Él podía cantar baladas como pocos lo han hecho. Lo que muchos no saben es que comenzó su carrera tocando piano. Una noche en un club de la costa oeste se enfermó el cantante y el propietario exigió saber dónde estaba. Cuando supo que el cantante estaba enfermo, respondió: «Si no tenemos un cantante, no habrá cheque para nadie». Esa noche Nat «King» Cole se convirtió en cantante. El resto es historia.

Will Rogers hizo trucos con la soga en los primeros siete años de su carrera. Era un auténtico vaquero y «macho» que captaba la atención de la audiencia con los trucos que ejecutaba. Una noche alguien del público le lanzó una pregunta. Su cándida respuesta provocó una gran carcajada. Entonces alguien más le hizo otra pregunta y su respuesta fue de nuevo graciosa. Esa noche se inició su carrera como gran humorista. Sin embargo, fue mucho más lejos; tenía la sabiduría popular que no solo estimula y entretiene sino que también da a las personas información e inspiración que pueden usar en sus vidas cotidianas.

Mensaje: Quizás no puedes seguir una tonada, hacer trucos con la soga o dar sabios consejos cómicos, pero sí tienes una canción para cantar y la habilidad que necesita ser desarrollada y usada.

Sugerencia: La próxima vez que alguien te pida hacer algo que nunca antes has hecho, no respondas automáticamente «no». Piénsalo. Tal vez podrías intentarlo. ¿Quién sabe? Quizás tienes talentos que nunca has reconocido.

En el pueblo donde me crié las cosas sucedían de manera tan lenta que se necesitaban dos horas para ver Sesenta Minutos. (KEN DAVIS)

Esa primera impresión

Aquel que obtiene una victoria sobre otros hombres es fuerte, pero quien obtiene una victoria sobre sí mismo es todopoderoso.

—LAO-TZU

Es verdad que solo tienes una oportunidad de dar una primera impresión. A pesar de esto, el comercio estadounidense está plagado de recepcionistas desagradables, descorteses, pesimistas o hasta incomprensibles. Aparentemente muchas empresas piensan que nadie puede «contestar el teléfono». Aunque es verdad que a nadie se le puede enseñar el mecanismo de contestar el teléfono, las impresiones perdurables de tu empresa se obtienen (especialmente en quienes llaman por primera vez) por la manera en que contestan el teléfono.

Hace muy poco recibí una emocionante carta de uno de nuestros abastecedores. El caballero es el director de ventas en su empresa. Comentó con gran entusiasmo que cuando llamó por teléfono a nuestra empresa la primera vez respondió Lou y la segunda vez lo hizo Bárbara. Su comentario textual fue: «Señor, debo decirle que he hecho innumerables llamadas telefónicas en casi toda mi vida adulta y nunca había escuchado respuestas más optimistas y agradables. Si las primeras voces que usted escucha en una empresa son sus primeras impresiones de ella, usted señor, tiene una compañía de primera clase. Lo debo felicitar por la calidad y capacitación de su personal».

No menciono esto para «echarnos flores» sino sencillamente para recordarte que cada vez que suena el teléfono en tu empresa (o en tu casa), es una oportunidad para que alguien se lleve una buena o una mala impresión. Es innecesario decir que los negocios se levantan con buenas impresiones. Es cierto que debes dar importancia a lo demás, pero el principio es crucial. En nuestro acelerado mundo computarizado, te insto a que entrenes a tu gente a suponer que la próxima llamada es la cunata más grande que tu compañía podría jamás depositar y que deben ser agradables, alegres, corteses y entusiastas.

El maestro al padre de familia: «La buena noticia es que su hijo está lleno de ideas creativas ... la mala noticia es que todas están en la ortografía».

Persistencia y buen corazón = éxito

El triunfo y la derrota no están en el clamor de la calle atestada ni en los gritos y aclamaciones de la muchedumbre, sino en nosotros mismos.

—HENRY WADSWORTH LONGFELLOW

Cuando era joven, a Joe Craven se le ocurrió la idea de iniciar una fábrica de cerámica. Construyó un horno avanzado pero no lograba hacerlo funcionar. Intentó vez tras vez y finalmente reconoció el fracaso. Entonces se puso de rodillas y pidió ayuda. Por «coincidencia», la mañana siguiente pidieron hablar con él dos hombres de Texas que habían oído hablar de su horno. Joe aceptó de mala gana, pero les dijo que el horno no funcionaba. Uno de los dos comentó que acababa de regresar de una gira por Alemania, donde estaban utilizando esta tecnología, pero se sorprendió de verla en los Estados Unidos. Habló de algunos procedimientos que aprendió y Joe aceptó ponerlos en práctica. ¡Dio resultado! Hoy día, Cerámicas Craven, situada en Commerce, Georgia, gana más de treinta millones de dólares al año y tiene 320 empleados.

En el verano de 1994, Doug Segars, subdirector de Cerámicas Craven, recibió de otra empresa una oferta que no podía rechazar. Había estado en Craven por muchos años, pero sintió que esta era una oportunidad de avanzar en su carrera.

Joe Craven hizo a Doug una fiesta de despedida y se fue con la bendición y buenos deseos de todos. Dos días antes de salir para su nueva casa, la esposa de Doug y sus dos hijas tuvieron un accidente automovilístico. Una de sus hijas resultó gravemente herida y estuvo en coma durante tres semanas.

Joe sabía que tal vez la tragedia había destruido la nueva oportunidad de Doug, así que habló con él y su familia y les aseguró que sin importar lo que había sucedido, él tendría un trabajo en Craven cuando todo pasara. Hoy día Doug ejerce como coordinador de ventas en Cerámicas Craven. Puesto que Joe lo tranquilizó sobre su futuro económico, pudo dirigir su atención a lo más importante: su familia. Bueno es saber que todavía tenemos «individuos bondadosos» en el mundo. Ellos son verdaderos ganadores.

No estás acabado cuando te derrotan sino cuando te das por vencido.

Por qué estás donde estás

El destino humano lo decide la elección, no la suerte.

Hace muchos años, cuando yo era un joven aspirante a orador escuché a un gran conferencista, que de manera bastante filosófica dijo que estás donde estás porque allí es exactamente donde quieres estar. Pensé en esta declaración, decidí que era la «sabiduría de los tiempos» y la expresé con palabras en mis propias presentaciones. Después de un tiempo ocurrieron ciertos acontecimientos que me convencieron que su declaración era cierta en mi caso. Me encontraba arruinado, con deudas y con el ánimo por el suelo. Mi deseo era ser próspero y estar emocionado por mi futuro.

Se me hizo claro que estaba donde estaba debido a las decisiones y alternativas que había tenido en mi vida. Tomé decisiones basado en la información que tenía, mucha de la cual era errónea. La realidad es que si me han dado instrucciones equivocadas para ir del punto «A» al punto «B», no llegaré al punto «B» a menos que cambie de instrucciones. También es cierto que si me han dado instrucciones erróneas sobre cómo salir de la ruina y de las deudas, no terminaré en el lugar de prosperidad en que quiero estar.

Una decisión importante que puedes tomar mientras lees estas palabras es pensar en lo que dijo Thomas Sikking: «No eres el producto de un hogar destruido, de una economía devastada, de un mundo en época de guerra, de una minoría, de una familia de borrachos ni de un vecindario hundido en la pobreza. Eres el producto de tu proceso de pensamiento, y cualquier cosa que pienses hoy, es la base de tu futuro».

Si alguien te maltrató en el pasado, está bien que le des crédito a esa persona por haberte estropeado el pasado, pero no le des permiso para que arruine tu presente y tu futuro. Domina tus pensamientos y tu futuro. Decide que tendrás un mejor mañana.

Es importante ser popular; tal vez de otra manera no les gustes a las personas. (SUE CANTWELL)

La ventana de la oportunidad

Existe una ventaja en toda desventaja y un regalo en todo problema.

—JOHN JOHNSON

El sábado 24 de junio de 1995 me encontraba en un congreso celebrado en Tampa, Florida. A las siete en punto salí de mi hotel para mi caminata matutina, pero desafortunadamente estaba lloviendo. Las buenas noticias eran que había un edificio de estacionamientos al lado del hotel, por lo que me dirigí allí a caminar. Es innecesario decir que prefiero caminar al aire libre, donde pueda ver cosas mientras camino, pero hacerlo en un estacionamiento techado era mejor que mojarme y mejor aun que no caminar en absoluto. Había estado caminando y planeando mi charla durante veinticinco minutos cuando noté que había dejado de llover. Salí aprisa para aprovechar esa oportunidad y caminé casi cuadra y media antes de que comenzara de nuevo a llover. Me dirigí al estacionamiento cubierto y continué mi caminata, y la planificación de mi charla.

Mientras me dedicaba a mi actividad esa mañana, no tenía idea de cuánto tiempo duraría la lluvia o cuándo escamparía. Sin embargo, creo que muchas personas esperan a que todo esté «exactamente bien» antes de hacer algo y a menudo pierden oportunidades hermosas.

La segunda lección que aprendí en esa caminata es que en un estacionamiento sigues la pendiente hasta lo alto. Es más difícil caminar hacia arriba, pero tienes que hacerlo para desarrollar fortaleza. Para subir en el mundo comercial, o por consiguiente, en el mundo académico o político, a menudo experimentas dificultades en el camino. Sin tales dificultades no desarrollas la agudeza mental y fortaleza física necesarias para triunfar.

Alguien dijo alguna vez que el único camino a la cima de la montaña es atravesando el valle. Cuando encuentres esas «montañas», recuerda que si las trepas estarás más capacitado para trepar más rápido la siguiente, aunque sea más alta.

Se dice que en la actualidad el dinero no va muy lejos, ¡pero seguro que se las arregla para mantenerse alejado de mí! (HUMOR POPULAR)

El corazón de un campeón

No se trata de lo que la visión es sino de lo que hace

Hay cosas que no se pueden medir, y el corazón es una de ellas. Pienso en tres estrellas actuales y antiguas de la NFL (Liga Nacional de Fútbol Americano). Según los expertos, Mike Singletary era muy pequeño y su velocidad en las cuarenta yardas no era muy buena. Sin embargo, no midieron su corazón ni su velocidad en las primeras cinco a quince yardas en que era excepcionalmente rápido. Como resultado, cuando un delantero pasaba la línea cerrada, en vez de detenerlo a las cinco u ocho yardas como lo hacen la mayoría de defensas, Singletary lo detenía en las dos primeras yardas. Eso hizo una enorme diferencia.

La velocidad de Emmitt Smith en las cuarenta yardas tampoco era impresionante, y eso ocasionó que fuera contratado más tarde de lo que hubiera podido ser de otra manera. Por otro lado, los expertos tampoco midieron su corazón ni el arranque de velocidad que podía generar desde el instante en que tocaba la pelota. Como resultado de lo uno y lo otro era capaz de avanzar por el hueco en la línea y correr esas cinco u ocho yardas de manera continua, y a menudo iniciar carreras mucho más largas.

Jerry Rice es otro ejemplo clásico. Su velocidad en las cuarenta yardas tampoco era como para batir marcas, pero no se podían medir su búsqueda de la excelencia y el hecho de ser un verdadero jugador, es decir que a la hora de la verdad daba lo mejor de sí. El video de Jerry Rice lo muestra corriendo zancada a zancada por el campo con un defensa hasta que le lanzaban un pase. En este momento «enciende el turbo» y a menudo deja muy atrás al defensa.

Aquí hay algo que debemos aprender. Podemos medir el coeficiente intelectual, la velocidad, la fortaleza y muchas otras cosas, pero el deseo de ganar y la búsqueda de la excelencia permitirán que sobresalga una persona de habilidad promedio. Por tanto, utiliza lo que tienes, incluyendo tu corazón.

Sencillamente no puedes continuar siendo un buen huevo ... o sales del cascarón o te pudres.

Escucha al entrenador

El filósofo Aristóteles describió al «poder» como la capacidad de hacer que sucedan las cosas.

Si preguntas a cualquier entrenador qué busca en un atleta, te dará una lista que incluye talento, fortaleza física, destreza y actitud mental adecuada. Luego procederá a desarrollar la actitud mental adecuada, porque esta encierra muchos aspectos. El primero de ellos es la buena voluntad para ser entrenado.

El joven atleta que aspira a la grandeza, por lo general habla y aprende muchas cosas de varios entrenadores diferentes. El primero le enseña los fundamentos; el segundo le inspira la disciplina y le enseña más técnicas que debe dominar para sobresalir. Finalmente está el entrenador que tiene la rara habilidad de descubrir el talento exclusivo del atleta para entonces acrecentarlo al máximo enseñándole técnicas adecuadas.

Lo único que los entrenadores no pueden tolerar (y los buenos no toleran) es al individuo que se pone arrogante porque sobresale en un nivel bajo y cree que no tiene nada más que aprender. Los buenos entrenadores reconocen que algunas cosas no se pueden enseñar. Sin embargo, entienden claramente que sin importar la extensión del talento, este se puede utilizar de manera más completa si se aplican las técnicas adecuadas de entrenamiento. Entre estas está enseñar a los atletas a convertirse en jugadores de equipo al ajustar sus talentos individuales dentro del equipo. Esto es importante, pues existe una diferencia dramática entre un equipo de superestrellas y un equipo superestrella. La labor del entrenador es tomar las estrellas y hacer de ellas un equipo. El atleta que no recibe preparación sencillamente no sube a ese último nivel, que es necesario para el máximo desarrollo personal y obligatorio para que el jugador sea un contribuyente importante en el éxito del equipo.

La combinación de este talento en el «equipo» se aplica a cualquier familia, negocio, orquesta, producción escénica o cualquier otra organización de más de dos personas. Ten esto presente. Escucha al «entrenador».

Preocuparse es humano ... no hacerlo es divino.
(HUMOR POPULAR)

Escucha al adversario

Cuando un hombre no escucha a su conciencia, por lo general se debe a que no le gustan los consejos de un extraño.

Uno de los más grandiosos presidentes de los Estados Unidos, Abraham Lincoln, tenía un enfoque único para tratar un caso cuando actuaba como abogado. Hacía todo lo posible por aprender todo lo que podía acerca de lo que decía el abogado de la «otra parte» y de la evidencia que presentaba. Luego hacía un espléndido trabajo al presentar el caso desde el punto de vista del adversario. Elogiaba sin ser condescendiente. Mostraba el lado objetivo desde la perspectiva de la otra persona. Incluso ponía en juego sus sentimientos y creencias. En cierta ocasión, el abogado de la otra parte resaltó que Lincoln había presentado su caso mucho mejor de lo que él mismo podría hacerlo.

Quizás te preguntes por qué seguía Lincoln ese enfoque. Primero, quería ser justo. Segundo, quería ganar el caso si creía que su cliente tenía la razón. Está de más decir que Lincoln presentaba luego su propia versión con más fervor, hechos y razones porque la verdad estaba de su parte. Mediante el uso de este procedimiento evitaba que la oposición tuviera algo más que decir y edificaba su propio caso de modo más firme. Por eso Lincoln ganaba muchos casos. También intercalaba más historias humorísticas y populares cuando presentaba su propio caso. A la mayoría de personas, incluso miembros del jurado, les gusta y confían en quien los hace reír y exponen argumentos populares.

Lo que Lincoln hacía era sencillo. Practicaba las mejores relaciones humanas y utilizaba su sentido común. Su deseo era que prevaleciera la razón y como regla general ganaba la parte correcta cuando presentaba su caso.

Originalidad es olvidar dónde lo aprendiste.

Dar en el blanco es «posible»

Quienes han ganado el derecho de presumir no tienen que hacerlo.

Alguien dijo una vez que la principal diferencia entre un gran disparo y un disparo errado es que un gran disparo es un disparo errado que se mejoró con perseverancia. Esta ocurrencia encierra mucha verdad. Lo cierto es que, sin importar cuál sea nuestro blanco, rara vez le acertamos al primer intento a menos que sea un blanco asequible, lo que significa que tanto el logro como la recompensa serán insignificantes.

Al disparar con arco, los arqueros experimentados juzgan la fuerza y dirección del viento con el primer disparo. Esto los capacita para dar en el blanco en los disparos sucesivos. En resumen, los arqueros aprenden de sus errores. Ese es un buen consejo para todos nosotros.

El éxito comercial, atlético, científico, político o de cualquier otra clase rara vez llega con el esfuerzo inicial. Walt Disney fracasó varias veces y tuvo al menos un ataque de nervios antes de tener éxito. Las habilidades deportivas se logran después de mucho tiempo y de muchas horas de práctica. Centenares de escritores te pueden contar miles de anécdotas de los rechazos que tuvieron antes de encontrar un editor que se «arriesgara» con un desconocido. Esto es más que una frase hecha que la persistencia y el esfuerzo entusiasta producen resultados poderosos y positivos, que el fracaso es un suceso, no una persona y que la única vez que no debes fallar es la última que lo intentas.

Cualquiera que sea tu blanco, son muchas las posibilidades de que no le aciertes en el primer esfuerzo que hagas para «triunfar». La clave es la persistencia y la disposición para intentarlo de nuevo a pesar de los errores iniciales. Puedes aprender de esas primeras equivocaciones y si perseveras, es cuestión de tiempo que des en el blanco.

Debo deshacerme varias veces de algunas cosas hasta que se me olviden.

La mayoría de los hombres no comprenden

Lo que cambiará tu cargo no es tu posición en la vida sino la disposición que tengas.

—DR. DAVID MICKINGLEY

Es cierto. El marido y padre típico no tiene idea de lo que hace el ama de casa (ya sea de tiempo parcial o completo) para mantener el hogar. Ruth Hampton lo dijo de esta manera: «El cargo más influyente hoy día en la nación está en manos de una mujer. Ella aplica la ley, practica la medicina y enseña sin título, certificado de capacitación o entrenamiento. Maneja la comida del país, administra sus medicamentos y practica primeros auxilios. Se ocupa de todas las enfermedades físicas y mentales de la familia; el hombre prácticamente deja su vida y la de sus hijos en manos de esta mujer: su esposa».

Por supuesto, es cierto que muchos hombres (por fortuna crece el número, aunque todavía está muy lejos de la igualdad) sí ayudan con los quehaceres de la casa. No obstante, hay una gran diferencia entre ayudar y responsabilizarse. Típicamente, el marido pregunta: «¿Qué hago?» cuando la esposa puede ver con claridad lo que se debe hacer. Los esposos también suponen con frecuencia que «no es nada del otro mundo», que su esposa en realidad no necesita ayuda, y además, que él necesita descansar después de un día difícil. Por ejemplo: El lunes por la noche, aun cuando puede ser tan amante del fútbol como su marido, ella es quien, durante los comerciales, coloca la ropa sucia en la lavadora para después meterla en la secadora y quien la dobla y la pone en el closet antes del segundo tiempo. Cuando termina el partido, aunque estuviera interesada en él, es probable que ella saque los platos del lavaplatos. Mientras tanto el marido no tiene idea de lo que está pasando. Hay una diferencia importante entre tomar la responsabilidad y ofrecer ayuda.

Ahora, esposos, antes de que se enojen conmigo, recuerden que si no les sirve el sayo, no se lo pongan. Sin embargo, los estudios muestran que lo que digo es bastante cierto.

—*Recuerda querida —dice el esposo a la frustrada esposa—, que debes cultivar la paciencia, porque la mano que mece la cuna gobierna el mundo.*
—*Entonces, ven acá querido y gobierna por un tiempo. Estoy cansada —contesta la joven madre.*

Comunicación eficaz

No es lo que sabes o a quién conoces. Lo que eres es lo que de verdad importa.

Mi amigo y escritor Nido Qubein da en su boletín informativo *Executive Briefing* da algunos consejos sobre la comunicación eficaz con personas de otras culturas. «Debemos recordar que los individuos de orígenes diferentes envían y reciben mensajes por medio de filtros culturales. Las palabras, las expresiones y los gestos que significan una cosa en una cultura pueden significar algo muy diferente en otra. Una palabra o un gesto que para ti podría ser perfectamente inofensivo, puede ser ofensivo para alguien de otro grupo étnico». Nido dice que «primero debemos averiguar qué vocablos y expresiones son ofensivas a los oídos de las minorías y evitar las palabras vulgares que se refieran a personas de diferentes minorías raciales, étnicas o nacionales. No las utilices ni para hacer bromas. A continuación debemos comprender que nuestro idioma puede ser muy preciso, pero quienes hablan otros lenguajes pueden percibirlo como rudo. Por ejemplo, a veces nos jactamos de «hablar sin pelos en la lengua», lo que puede parecer descortés a los japoneses, que hablan «de corazón».

Es importante considerar «lo que se quiere decir» en algunas culturas y que esto puede influir en la manera en que las personas te responden. Si preguntas: «¿Comprendes?» a un asiático, es posible que te responda «sí» por cortesía, cuando el individuo no tiene idea de lo que estás hablando. Si dice «no», puede significar una de dos cosas para los asiáticos: Que son muy torpes para comprender o que eres un mal comunicador. Nido dice que es importante observar las expresiones faciales de la persona con quien estamos hablando. Es difícil disfrazar la duda y por lo general es fácil notar por el rostro si entiende. Él sugiere en primer lugar que busquemos reacciones; segundo, que escuchemos con cuidado los interrogantes aunque no los haya, porque puede ser señal de que no haya comprendido. Tercero, debemos usar un lenguaje claro y sencillo. Este es solamente un minuto condensado de comunicación adecuada con personas de otras culturas, pero es un buen principio.

Las mujeres lloran cuando ven un melodrama por la misma razón que los hombres chillan y gritan cuando un hombre que no conocen batea un jonrón.

La mayoría de nosotros somos loros

Sin integridad no hay quien escuche. Sin confianza no hay seguidores.

En nuestra sociedad escuchamos frases trilladas y las repetimos, ya sea que tengan sentido o no. Por ejemplo, Shakespiere dijo: «Nada es bueno o malo, pero el pensamiento lo hace así». Un instante de reflexión te convencerá de que el pensamiento no tiene nada que ver con que el secuestro o el asesinato sean buenos o malos. Estas acciones son malas. Hoy día muchas personas dicen: «Todo es relativo». En los libros hay varios miles de leyes, por lo tanto hagamos la lista, escojamos las que son relativas para nosotros y, en consecuencia, obedezcamos solo esas. El caos será el resultado obvio.

Para la persona de ochenta años de edad puede ser demasiado rápido manejar a sesenta kilómetros por hora, mientras que ciento treinta podría parecer lento a un adolescente. Un «golpe» de un delantero de fútbol americano que pesa 308lb. sería relativamente insignificante para un defensa del mismo peso. Esa fuerza aplicada contra un frágil anciano podría traer graves consecuencias.

A medida que consideras las cosas desde esta perspectiva llegarás a la conclusión de que mientras más relativas las hagamos, mayor será el caos que tendremos en nuestra sociedad. Puedo asegurar que casi ningún marido o esposa en los Estados Unidos desea que su cónyuge le sea «relativamente» fiel. La mayoría de nosotros hemos hecho juramentos que no tienen nada de relativos. Juramos amar, respetar, honrar y ser fieles a nuestros cónyuges. Agrega relatividad a ese juramento y muy pocos matrimonios sobrevivirían.

La lista es interminable, pero te animo a eliminar mucha de esta «relatividad» y esta idea de que «nada es bueno o malo, pero el pensamiento lo hace así». Sigue los absolutos morales que han resultado muy útiles a la civilización por varios miles de años.

¿Por qué será que lo que escuchas no es tan interesante como lo que oyes por casualidad?

No siempre lo tomes al pie de la letra

Los puentes que has atravesado antes de llegar, es-
tán sobre ríos que no están allí.

—GENE BROWN

Mi confiable diccionario me dice que la palabra *lite-*
ral significa «conforme a la letra del texto; original, real,
no figurado o metafórico, como el significado literal de
una frase».

Cuando era un periodista novato, a Mark Twain le
dijeron que nunca diera por hecho algo que no pudiera
verificar personalmente. Debido a la persona que era,
decidió seguir esas instrucciones al pie de la letra y describió así un acto social: «Una mujer, a quien llaman la
señora de James Jones y de quien se dice que es una de
las directoras sociales de la ciudad, según parece ofreció
ayer lo que se proponía ser una fiesta, a gran cantidad de
supuestas damas. La anfitriona afirma ser la esposa de
un presunto abogado».

Hace poco me estaba haciendo mi examen rutinario
de la vista con mi amigo y oftalmólogo, el doctor Nathan
Lipton, quien tiene un sentido del humor muy original.
Al pasar por las diferentes etapas del examen me dijo
que me tapara el ojo izquierdo, lo que hice. Unos pocos
segundos después me dijo: «Tápate ahora el ojo dere-

111

cho», así que procedí a cubrir mi ojo derecho sin quitar la mano izquierda del ojo izquierdo. Está de más decir que eso no es exactamente lo que el doctor Lipton tenía en mente, pero ambos soltamos la carcajada.

La verdad es que en muchas ocasiones en que alguien nos dice algo, espera que usemos un poco de sentido común para escuchar y oír lo que nos dice. Diviértete un poco en tu diario vivir. Toma algunas cosas de manera literal y actúa en consecuencia; la risa que sacarás de esa experiencia te alegrará el día y también ayudará a otra persona a sentirse más feliz.

Definición: Un peatón es alguien que estaba seguro de que había gasolina en el tanque, aun cuando la aguja mostraba que estaba vacío. (PETER ELDIN)

Trivialidades positivas

Carácter es el resultado de miles de pequeñas luchas diarias para vivir de acuerdo a lo mejor que hay en nosotros.

—TTE. GRAL. A.G. TROUDEAU

Algunas personas son rápidas para condenar las frases trilladas, pero, ¿qué es una frase trillada? Es una verdad que conserva su validez en toda época. Si alguna vez se perdieran las frases trilladas, la humanidad perdería mucha de su sabiduría ganada con esfuerzo y edificada pacientemente con el tiempo.

Una mentira puede ocuparse del presente, pero definitivamente no tiene futuro.

Tacto es el arte de reconocer cuándo ser grande y cuándo no empequeñecerse.

Quienquiera que adquiere conocimientos y no los pone en práctica es como quien ara un campo y no lo siembra.

No puedes subir la escalera del éxito con miedo.

Si solo aprendes métodos, estarás atado a tus métodos, pero si aprendes principios podrás concebir tus propios métodos. (RALPH WALDO EMERSON)

113

Si vas a levantarme debes estar en un terreno más alto. (RALPH WALDO EMERSON)

La mayor parte de lo que te ocurre es por tu culpa.

Nuestras palabras revelan nuestros pensamientos y reflejan nuestro amor propio; nuestras acciones reflejan nuestro carácter, nuestros hábitos y predicen el futuro. (WILLIAM ARTHUR WARD)

Tacto es el arte de levantar un fuego debajo de las personas sin hacer que hierva su sangre.

Imaginación es el anticipo de las atracciones que llegarán a la vida.

Todos estamos moldeados por lo que otros esperan de nosotros. Vivimos por encima o por debajo de lo que otros creen de nosotros y de lo que podemos hacer. En realidad, lo que otras personas piensan de nosotros es a menudo más importante e influyente que lo que pensamos de nosotros mismos. Por consiguiente, debemos ser prudentes con nuestros socios porque ellos influyen de muchas maneras en lo que hacemos con nuestra vida.

Tienes que creer antes de poder lograr.

Un comité es un grupo de personas que no pueden hacer nada de manera individual, pero que se reúnen y deciden que colectivamente nada se puede hacer.
(GOBERNADOR ALFRED SMITH)

El merengue del pastel

Las personas con baja autoestima encuentran el fracaso tan devastador que rara vez corren riesgos perceptibles e intencionados. Por eso pierden muchos gozos y éxitos en la vida.

Una de las expresiones favoritas de personas de gran éxito y competitivas es la frase: «Si ocurre tal o cual cosa, eso será "el merengue del pastel"». Por ejemplo, un velocista podría decir: «Trataré arduamente de ganar la carrera, si en el proceso rompo una marca, eso será "el merengue del pastel"». Un vendedor podría afirmar: «Mi meta es cumplir mi cuota trimestral, y si gano el viaje, eso será "el merengue del pastel"».

Hakeem Olajuwon, el centro delantero de los Rockets de Houston, dio una nueva dimensión y percepción a esa frase exactamente antes del partido final en la serie por el campeonato de 1994 frente a los Nicks de Nueva York. Los equipos estaban empatados a tres victorias y cada partido, con una excepción, se había decidido en los últimos segundos de la contienda. Realmente fue una de las más grandiosas series de todos los tiempos.

Exactamente antes del partido final, un periodista le preguntó a Hakeen si su vida se arruinaría en caso de que los Rockets no ganaran el campeonato. Su respuesta es un indicio de su sinceridad y humildad. «He visto algunos individuos que ganaron un campeonato, pero que al final de sus carreras no eran felices. Para mí, eso no es una carrera triunfante. Si te sientes feliz de lo que has logrado, sin importar la profesión que sea, has tenido éxito en tu carrera. El campeonato sería para mí el merengue en el pastel; pase lo que pase aún me quedará el pastel. Tú puedes ver hasta dónde has llegado y ser feliz, o puedes concentrarte en lo que no has logrado y pasar toda tu vida creyendo que te ha faltado algo. Eso no va conmigo».

Por casualidad, *Hakeem* significa literalmente «médico» o «el sabio», y *Olajuwon* significa «en la cima». Su nombre se refleja en su enfoque de vida.

Podrán construir una máquina que te gane jugando ajedrez, pero ¿sabrá que es la ganadora? (KEN CAMPBELL, SUNDAY TIMES)

Los comunicadores deben escuchar y practicar

Ningún hombre se ha vuelto grande por hacer lo que le gusta. Los hombres insignificantes hacen lo que les gusta; son pequeños don nadie. Los grandes hombres se someten voluntariamente a las leyes que gobiernan el reino de su grandeza.

Cuando invocas el nombre de Martin Luther King, se dibuja en la mente de casi todo el mundo la imagen de un gran líder y uno de los más grandes comunicadores detrás del movimiento de los derechos civiles. Hoy día aún se transmiten en la televisión algunos pasajes de su discurso «Tengo un sueño», y todo niño estadounidense en edad escolar puede citar porciones de esa famosa disertación.

Quienes escuchamos a Martin Luther King estamos de acuerdo en que fue un gran orador, pero muchos no comprenden que fue un gran comunicador debido a que siempre fue un gran oidor. Se dice que ganó el respeto de los líderes en derechos civiles con ideas diferentes porque escuchaba muy atentamente todo lo que decían. Como se sentía seguro de su pensamiento, tenía sentido para él que era importante saber lo que pensaban los demás. Puesto que los oía con suma atención, ellos le devolvían la misma cortesía y escuchaban con cuidado lo que él decía. De esa manera cada bando conocía la manera de pensar y planificar del otro, lo que dio gran empuje al movimiento.

La otra razón de que Martin Luther King fuera ese gran comunicador es el hecho de que habia dado su discurso «Tengo un sueño» muchas veces, antes de pronunciarlo en Washington donde recibió gran publicidad. Sin embargo, si no hubiera tenido esa gran preparación, el discurso en Washington no habría tenido tanto impacto.

Muchas de esas mismas cosas se podrían decir de Patrick Henry. Practicó mucho su famoso discurso «Libérame o mátame» antes de presentarlo a la audiencia que probó ser el catalizador que inició la revolución estadounidense.

Se ha dicho que cuando Cicerón hablaba el pueblo se ponía de pie y aclamaba, pero que cuando Demóstenes hablaba las personas se ponían de pie y se ponían en acción. Lo mismo se puede decir de Martin Luther King y Patrick Henry. Cuando hablaban, el pueblo se ponía en acción.

—¿*Oras todas las noches?* —*preguntó el nuevo pastor.*
—*No* —*contestó el pequeñuelo*—. *Algunas noches no necesito nada.*

Hurras para Krish—vergüenza para Zig

Cuando admites una equivocación y pides disculpas a la parte ofendida, sencillamente estás reconociendo que ahora eres más sabio que cuando cometiste la falta.

Hace poco mi socio Krish Dhanam y yo regresamos de un compromiso en Tampa, Florida, donde hablamos ante la Cámara de Comercio del Gran Tampa. El vuelo fue tranquilo; aterrizamos en el aeropuerto de Dallas-Fort Worth, tomamos nuestro equipaje y lo colocamos en una carretilla alquilada. La caminata era muy larga y no hubo complicaciones en los primeros doscientos metros; entonces llegamos a las bandas móviles.

Las reglas relacionadas con las carretillas en las bandas móviles son bastante claras: no están permitidas. Krish empujaba la carretilla y diligentemente se dirigió al lado de la banda.

—Krish, los sábados no se aplican las reglas —dije riendo—. No hay problema con que pongas la carretilla en la banda movible.

—No, eso es una violación a las reglas —dijo un auxiliar de vuelo que estaba cerca.

Krish pareció vacilar, pero yo lo animé.

—¡Vamos, Krish! No hay nadie en la banda, hagámoslo.

Krish es de la India. Su cultura, su educación y el hecho de que yo era su «jefe» le crearon un dilema. Él conocía las reglas, pero me respetaba. Por consiguiente accedió a mi insistente sugerencia de que usáramos la banda movible.

Una vez sobre la banda transportadora sentí que Krish tenía una verdadera lucha, por lo que en el primer descanso en la caminata le dije sonriendo que estaba bien si hacía lo que deseaba y caminaba junto a la banda movible. Hizo exactamente eso y me lanzó una mirada de alivio.

El propósito de esta historia no es hablar de mis fechorías sino resaltar un motivo de que los inmigrantes ilegales, sin importar de dónde sean, tienen cuatro veces más posibilidades de llegar a ser millonarios en los Estados Unidos que quienes han nacido allí. Su gratitud por la oportunidad y libertad que este país ofrece es tal, que la mayoría de ellos son muy conscientes en cuanto a obedecer nuestras leyes. Como resultado, estos inmigrantes legales hacen un progreso real en el logro del sueño estadounidense.

El problema con la ignorancia es que recoge confianza mientras progresa.

Este es el liderazgo verdadero

Sé generoso. Da caridad a todos los hombres; a ti mismo, respétate; a un amigo, da tu corazón; a tu padre, da deferencia; a tu hijo, dale un buen ejemplo; a un enemigo personal, perdónalo; compórtate con tu madre de tal manera que se sienta orgullosa de ti.

Eddie Robinson, ex director técnico del equipo de fútbol de la Universidad Estatal Grambling de Ruston, llevó a su equipo el sábado 7 de octubre de 1995 a su victoria número cuatrocientos, una marca nunca antes alcanzada y que tal vez no sea superada. Eso emociona. Más emocionante aun, sin embargo, es el enfoque que el «entrenador Rob», como lo llamaban sus jugadores con gran cariño y respeto, usaba para velar que sus jugadores se graduaran. Él era el último en salir de los dormitorios en la mañana, asegurándose de que todos los jugadores se dirigían a clases. Revisaba a menudo que hicieran sus deberes académicos. Les exigía utilizar saco y corbata cuando los entrevistaban los medios de comunicación. Los llevaba a clases de etiqueta, y les enseñaba modales y a tratar con los demás. En palabras sencillas, el entrenador Rob estaba preparando a sus jugadores para la vida, sabiendo que la mayoría de ellos, como sucede en todas las demás universidades, no se convertirían en profesionales.

Me volví un admirador de Eddie Robinson hace algunos años cuando prendí la televisión para ver las noticias, pero en vez de eso vi a su equipo jugando un partido que finalmente decidiría el campeonato nacional universitario. Era un encuentro muy reñido. Una de las jugadas decisivas fue un gol de campo que marcó el equipo contrario, aunque era claro que no había pasado las verticales. El entrenador Rob lo sabía, así como todo telespectador en los Estados Unidos y todo jugador participante, pero los dirigentes no transigieron. Cuando terminó el partido, el entrenador Rob no mencionó ese decisivo error de parte de los dirigentes. Estoy seguro de que él estaba muy desilusionado y disgustado, pero se mantuvo sereno. Comprendió que ese gol de campo, que se mezclaba con millones de incidentes que pasaban en nuestras vidas, en realidad no era importante. Ser un ejemplo para sus jugadores y mostrarles el verdadero éxito era lo importante. Ese es un hombre de clase.

Fanáticos, no fallen en perder el partido de mañana.
(DIZZY DEAN)

Sé alguien exclusivo

El entusiasmo no tiene precio cuando lo inspira la razón, lo controla la prudencia, su teoría es sólida, su aplicación es práctica, refleja confianza, propaga alegría sana, levanta la moral, alienta a los compañeros, produce lealtad y se ríe de la adversidad.

–COLEMAN COX

John Maxwell cuenta una historia en su libro *Be a People Person* [Sé alguien exclusivo]. En Inglaterra hay un monumento al deporte del rugby, el precursor del fútbol americano. El monumento representa a un joven entusiasta inclinado para recoger un balón. En esta inscripción se lee en la base: «Con una extraordinaria indiferencia hacia las reglas, tomó el balón y salió corriendo».

La estatua y la inscripción cuentan una historia verdadera. Se estaba realizando un importante partido de fútbol entre dos colegios ingleses. En los minutos finales del encuentro enviaron a jugar a un muchacho por primera vez. Olvidándose de todas las reglas, en particular de la que dice que un jugador no debe tocar el balón con las manos, y consciente solo del hecho de que el balón debería estar en el arco en pocos segundos para que su colegio se llevara la victoria, el muchacho lo tomó con las manos y, para sorpresa de todos, comenzó a correr como nunca lo había hecho hacia el arco. Los confundidos dirigentes y jugadores se quedaron paralizados, pero los espectadores estaban tan conmovidos por el espíritu del muchacho, y animados por su actuación, que se pusieron de pie y le brindaron un prolongado y efusivo aplauso. Este incidente eclipsó por completo el resto del partido. Como consecuencia nació un nuevo deporte: el rugby. No se debió a argumentos cuidadosamente formulados ni a cambio de reglas sino a una equivocación de un muchacho entusiasta.

La enseñanza es que algunas veces la espontaneidad produce increíbles resultados y el entusiasmo es siempre una posesión en la vida.

Aviso en una sastrería de Chicago: Lo cosemos mientras usted lo rompe.

Estados Unidos fue poblado y liberado por un vendedor

Las civilizaciones no se agotan, se caen. En una sociedad en que todo se permite, finalmente todo desaparecerá.

–JOHN UNDERWOOD

Las condiciones del mundo eran horribles cuando se inició la colonización de los Estados Unidos y la gente necesitaba poblar con urgencia el nuevo e inexplorado mundo. Sir Walter Raleigh recorrió las cafeterías de Londres, persuadiendo a los afligidos de que existía una tierra y una manera de vivir mejores. Las personas eran ignorantes, temerosas y supersticiosas, por lo que Raleigh debió hacer un gran esfuerzo para venderles la idea de dejar la «seguridad» de su tierra natal.

Estados Unidos fue liberado por un vendedor. La tarea de George Washington de conseguir reclutas para el ejército continental parecía insuperable. Debía convencer a granjeros, comerciantes, constructores navales, cazadores de pieles y otros trabajadores a dejar lo que estaban haciendo e ir a luchar contra la más poderosa nación de la tierra, que tenía una fuerza naval dominante y un ejército enorme, profesional, bien entrenado y mejor equipado. Debió decirles que si ganaban la guerra habría poco dinero, o quizás nada, para pagarles, y que si la perdían los colgarían de los árboles más altos. En verdad fue una venta ardua, pero Washington era un vendedor con fuego de libertad en el corazón.

Estados Unidos fue explorado por un vendedor. Aunque la nación fue descubierta en 1492, casi trescientos años después, en 1776, solo se había colonizado el oeste hasta los montes Apalaches. Sin embargo, el secretario de estado, Alexander Hamilton, persuadió al Congreso de que destinara dinero a estudiar los métodos que los británicos utilizaron para establecerse en todo el mundo. Como resultado se crearon establecimientos comerciales en lugares poco poblados, de modo que Lewis y Clark dieron el salto inicial para alcanzar la costa del Pacífico. En menos de cincuenta años se constituyó una fuerte presencia en toda esta gran tierra.

Así es, los vendedores han jugado un papel importante en nuestra nación.

Según el gobierno, un contribuyente es alguien que tiene lo que se le quita.

Un oso en un árbol

La preocupación nos debería mover a la acción y no a la depresión.

Hace algunos años al anochecer en las afueras de Keithville, Louisiana, alguien descubrió un oso negro en un árbol. La noticia se regó rápidamente en todo el pueblo y muchos de los ciudadanos se reunieron para verlo. La veterinaria local ofreció una pistola cargada con dardos sedantes para dormirlo. Crecía la preocupación de que el oso pudiera caer del árbol y lastimarse, por lo que llamaron al departamento de bomberos y su red se extendió lista para atraparlo.

Los bomberos prendieron una hoguera y durante toda la noche intentaron hacer que el oso bajara del árbol. Parecía que él hacía caso omiso de la muchedumbre y aparentemente las drogas no le hacían efecto porque no caía del árbol.

Llegó el amanecer y pudieron ver con más claridad ese «oso» en el árbol, que resultó ser una negra bolsa plástica llena de basura. Nadie podía entender cómo fue a parar a la copa del árbol.

Desgraciadamente muchas personas viven con un «oso en su interior» y le permiten que influya en sus vidas de manera dañina. Cuando se dan cuenta de la verdad descubren que el «oso» es basura negativa que han lanzado a sus mentes durante mucho tiempo por medio de música, televisión y «amigos», así como el público en general. La buena noticia es que una persona, sin importar su edad, puede sacar ese «oso» de su interior al exponerlo a la luz del día, como lo hicieron en Keithville, Louisiana. Esa persona puede enterrar su «vieja basura» de manera sencilla al invertir el proceso y colocar en su mente información buena, limpia, pura, poderosa y positiva. He visto muchos individuos que siguen ese procedimiento y dramáticamente mejoran sus vidas. Tú también puedes hacer lo mismo.

Un cazador de grandes juegos actualmente es el sujeto que cambia de canales toda la tarde dominical durante la temporada de fútbol americano.

La educación es importante

En la lucha misma es que te defines a ti mismo

–PAT BUCHANAN

Albert Einstein dijo: «Es esencial que el estudiante adquiera un entendimiento y una sensibilidad viva por los valores. Debe obtener un sentido vivo de la belleza y de las buenas costumbres. De otro modo, con un conocimiento especializado, se asemeja mucho más a un perro bien entrenado que a una persona desarrollada con armonía». Daniel Webster dijo: «El conocimiento no comprende todo lo que contiene la gran expresión de la educación. Se deben disciplinar los sentimientos, reeducar las pasiones, inspirar la verdad y los motivos valiosos, incitar un profundo sentimiento religioso e inculcar en cualquier circunstancia la moral pura. Todo esto comprende la educación».

James Truslow Adams dice que hay dos educaciones obvias: Una debe enseñarnos a vivir y la otra a construir una vida. Se necesitan tres cosas para adquirir las dos educaciones: Información, conocimiento y sabiduría. Sacamos información de periódicos y revistas. Obtenemos conocimiento de libros, enciclopedias, conferencias y seminarios. Sin embargo, esto no nos da las dos clases de educación. Si la información y el conocimiento fueran la respuesta total, todo médico en Estados Unidos sería rico y feliz, y todo marginado de la educación escolar sería infeliz y amargado. Obviamente, esto no es verdad.

La tercera dimensión de la educación es la sabiduría. Esta es el uso debido de la verdad en el conocimiento que tenemos. La sabiduría nos capacita para tomar la información y el conocimiento, y usarlo para tomar buenas decisiones. A nivel personal, mi madre solo terminó el quinto grado, se quedó viuda en medio de la Gran Depresión con cinco hijos demasiado pequeños para trabajar. Era obvio que necesitaba sabiduría para usar el conocimiento que tenía en la toma de decisiones adecuadas para levantar con éxito su familia. Por suerte, ella tenía la sabiduría que proviene de Dios, de la cual Santiago habla en su epístola: «Si alguno de vosotros tiene falta de sabiduría, pídala a Dios, el cual da a todos abundantemente y sin reproche, y le será dada» (1.5).

No hay en el mundo casi suficientes muletas para todas las pobres excusas. (MARCUS STROUP)

¿Es mala o buena la culpa?

Olvidar es pasar por alto una ofensa y tratar al ofensor como inocente.

Si sigues con regularidad los juicios en nuestras cortes, sabrás que después de que el juez ha dado sentencia, leerá una o dos declaraciones. Si al criminal se le ha dado una sentencia más suave de la que parecía justificar el crimen, la declaración a menudo incluirá el hecho de que el autor del crimen estaba sinceramente arrepentido y tenía una profunda sensación de culpa por el mal hecho, por lo tanto el juez opinaba que no sería una amenaza para la sociedad.

Por otro lado, si la sentencia es la máxima por el crimen, el juez, los funcionarios policiales y otras personas dirán que el acusado no mostraba ningún arrepentimiento, no sentía culpabilidad y «creemos que volverá a cometer otro crimen».

El diccionario dice que culpa es el «acto de responsabilizarse por una ofensa o una mala acción; la disposición de violar la ley». Es la «conducta culpable y la conciencia de arrepentimiento por haber cometido algún mal».

Si no fuera por los sentimientos de culpabilidad, habría anarquía. La culpabilidad merecida tiene algunas funciones en nuestra sociedad. La inmerecida, que se impone a alguien por un mal imaginario, puede ser destructiva y enfermiza. La culpabilidad merecida está íntimamente relacionada con la empatía, la cual nos capacita, en un sentido real, a sentir de la manera en que siente la víctima. Por consiguiente estamos más propensos a tratar en el futuro de manera más sensible a esa persona. Si nosotros, como malhechores, no mostramos arrepentimiento, las probabilidades son excelentes de que repetiremos la acción, además del daño individual, y destruiremos cualquier posibilidad de una reconciliación o una relación duradera.

Mensaje: La próxima vez que te sientas culpable de algo, analízalo, y si la culpabilidad es merecida, emociónate, porque eso significa que estás en camino de ser mejor. Si es inmerecida, sencillamente recházala y continúa tu vida.

Oído en una corte: El juez dice al acusado: «Me inclino a declararte culpable, pero, ¿quién soy yo para juzgarte?»

Vístete para triunfar

Si no te sientes bien contigo mismo, tendrás una capacidad limitada para creer en otros.

Uno de los principales problemas en nuestra sociedad actual es la falta de preocupación de muchas personas en su apariencia personal. Las investigaciones demuestran claramente que una apariencia y manera de vestir pulcras tienen una relación directa con el comportamiento y el desempeño. También es esencial para obtener empleo y se relaciona con tu futuro en la empresa que te emplea. La persona que te contrata se forma una opinión de ti en menos de tres segundos, y tal opinión influye en toda decisión que toma acerca de ti durante varios meses. Por desgracia, un porcentaje razonable de nuestra población parece vestir deliberadamente para hacerse repulsivos y en consecuencia menos deseables como empleados, socios, amigos o compañeros.

Mi amigo y asesor de capacitación, Nido Qubein, dice en su periódico *Executive Briefing* que el «amor propio está íntimamente ligado a la autoimagen». Cita a Robert W. Darvon, uno de los fundadores de Diseño Escandinavo, Inc., quien dice: «Existe solo un aspecto que cuenta en un negocio: Levantar la autoestima de los empleados. Nada es más importante, pues lo que sienten por sí mismos es lo que dan a sus clientes. Si un emplea-do llega a trabajar sin que le agrade su empleo y sin sen-tirse bien consigo mismo, puedes estar seguro de que tus clientes se retirarán sintiéndose mal o sin agrado por tu empresa».

La manera en que te sientes acerca de tus empleados tiene gran influencia en el modo en que ellos se sienten acerca de sí mismos, lo cual a la vez tiene relación direc-ta con su rendimiento. Puedes estar seguro de que tus empleados se sentirán mejor de sí mismos al tratarlos con dignidad y respeto. La realidad es que la manera en que trates a tus clientes internos (tus subordinados) es la manera en que ellos tratarán a tus clientes externos cuan-do los tengan frente a sí mismos.

No importa cuánto dinero tenga una mujer para gastar, no se puede vestir a la última moda a menos que tenga el temple.

Crecer o hincharse

El ego es nuestro socio silencioso, muy a menudo con interés dominante.

Cuando me inicié en las ventas pasé muchas dificultades. Sin embargo, una vez que la bola comenzó a rodar disfruté de una carrera espectacular de cuatro años de éxito. Esto me llevó a un cambio de profesión y a un nuevo empleo en la ciudad de Nueva York. Era emocionante y gratificante, pero requería que cada mañana dejara mi casa antes de que despertaran mis dos hijas pequeñas y casi a diario regresaba en las noches cuando estaban dormidas. Esa no era la crianza que deseaba para ellas, por lo que en solo tres meses regresamos a Columbia, Carolina del Sur.

Me metí en un negocio publicitario y tuve algún éxito temporal, que desapareció pronto. Allí fue cuando dejé de crecer y comencé a inflarme, lo que me llevó a dieciséis empleos adicionales y cambios de profesión en los cinco años siguientes. Me volví supercrítico, sabelotodo y un sujeto muy difícil con quién trabajar. Una de las empresas que me empleó por poco tiempo fue una compañía de seguros que había estado en el mercado por muchos años. Esto me sorprendió porque era obvio que la empresa era anticuada y yo tenía algunas ideas absolutamente brillantes que revolucionarían el negocio y extendería su esfera de acción mercantil. Me rechazaron esas importantísimas ideas. Salí enojado, preguntándome cómo irían a sobrevivir, lo que por cierto lograron.

Finalmente, después de cinco frustrantes años me examiné y me di cuenta de que el éxito que tuve antes se debió a que me había comprometido personalmente a mejorar lo que hacía en vez de asumir que lo sabía todo. Hice un firme compromiso con la empresa que ahora representaba y trabajé duro y con entusiasmo, mientras adquiría continuamente nueva información de quienes tenían más experiencia que yo. De manera curiosa, los resultados fueron excelentes y el progreso tan firme que solo dos años después ya estaba encaminado en una carrera que ha sido más gratificante y satisfactoria.

Espero que esté claro el mensaje. Manténte en crecimiento. No comiences a hincharte.

EGOISMO significa «Inmoderado amor de sí mismo, que hace pensar solo en el interés personal».

Ama a tu hijo

Si estableces el ejemplo, no tendrás que establecer las reglas.

Cuando yo era niño, mi madre me decía una y otra vez: «Tus hijos prestarán más atención a lo que haces que a lo que dices». También decía a menudo que «si estableces el ejemplo no tendrás que establecer muchas reglas». Después oí decir a otra persona que las reglas sin una relación llevan a la rebeldía. Creo que las declaraciones de mi madre, combinadas con la última, pueden establecer las bases de una relación maravillosa y la crianza positiva de chicos emocionalmente sanos en nuestra moderna sociedad racista, sexual y violenta.

Mi amigo Jay Strack dice que cuando expresas continuamente la aceptación hacia tus hijos, les estás haciendo saber que en realidad los quieres y eso les da la fundamental sensación de seguridad. Señala que cuando expresas tu aceptación por tus hijos, les estás dando un sentido de importancia, que es un gran edificador de la confianza. Cuando tus hijos ven que das atención a tu cónyuge y a tu empleador, así como a los adultos que conoces, hacen la asociación de que esas otras personas son importantes. Por lo tanto, cuando te haces disponible a tu hijo para conversaciones y actividades, esa disponibilidad le da un sentido de importancia.

El doctor Strack también señala que cuando regularmente demuestras genuino cariño paternal por medio de abrazos, palmaditas y besos, les haces saber que son dignos de amor.

En resumen, cuando das a tu hijo una sensación de seguridad, significado e importancia, y le haces saber que lo amas, tendrá seguridad, confianza, amor y gratitud. Ese es un buen inicio en la vida.

Todo el mundo sabe cómo criar hijos, excepto quienes los tienen. (P.J. O'ROURKE)

Creo en los frenos dentales

Valor verdadero es tomar una decisión y perseverar haciendo lo que se debe hacer. Ningún hombre moral puede tener paz en la mente si deja de hacer lo que sabe que debió haber hecho.

–JOHN WHITE

Como la mayoría de los padres, mi esposa y yo creemos que los dientes derechos es un verdadera posesión para una persona, por lo tanto invertimos en frenos para tres de nuestros hijos que los necesitaban. Al gastar una gran suma de dinero en una hermosa sonrisa creemos que hemos recibido más que una buena recompensa por esa inversión. Nuestra nieta Katherine tuvo resultados maravillosos al usar los frenos. Cuando veo a un adulto que usa frenos, y se presenta la oportunidad, lo elogio por la previsión y deseo de sufrir un dolor temporal, y posible bochorno, para lograr un beneficio a largo plazo.

Digo todo esto para señalar que una buena sonrisa es importante, pero al mismo tiempo me gustaría resaltar que el buen carácter es mucho más importante. No entiendo por qué no invertimos más de nuestros recursos en enseñar las bases del carácter a más niños. Es evidente que los sólidos cimientos de honradez, buena reputación, integridad, actitudes adecuadas, arduo trabajo, ahorro, confiabilidad y muchas otras cualidades son las cosas que separan a los que triunfan realmente en sus profesiones y vidas personales de quienes se contentan solo con el éxito moderado.

A nuestros padres fundadores les enseñaron estas cualidades esenciales desde el nacimiento. En realidad, más de 90% de las verdades educacionales en esos tiempos, según el Instituto de Investigación Thomas Jefferson, eran la enseñanza de los valores éticos y espirituales. Su eficacia se evidencia en las vidas de Washington, Adams, Madison, Monroe, Franklin y muchos otros. Creo que si todos analizáramos este enfoque de vida no solo conseguiríamos desarrollar el carácter sino que seríamos ganadores de sonrisas. Fortalece tu dentadura y tendrás una sonrisa ganadora. Endereza y fortalece tu carácter y la vida te sonreirá.

Hablar es barato hasta que contratas un abogado.

Las necesidades económicas y el crimen

El carácter no se hace en una crisis solo se manifiesta en ella.

Por años he visto en la televisión y leído en los diarios que si un individuo pobre no puede encontrar trabajo se espera que cometa un crimen, o por lo menos se le justifica que lo haga. Por desgracia, mientras más se promocione esta idea, más ocurrirá, especialmente entre aquellos que no tienen un carácter firme. Los hechos que se relacionan con este asunto son interesantes, como suele decirlo un amigo mío: «Todo el mundo tiene derecho de opinar, pero nadie tiene derecho de hacer lo malo».

Me crié durante la Gran Depresión, de modo que estoy acostumbrado a oír de vez en cuando que alguien toca la puerta trasera para pedir algo de comer a cambio de alguna labor que pudiera hacer en la casa o en el jardín. Lo curioso es que casi nadie pedía comida gratis, querían hacer un trabajo a cambio. Las estadísticas muestran claramente que el porcentaje de criminalidad al final de la depresión era menor que el que había al principio de ella.

Un artículo de David Frum en el *Financial Post* muestra la situación idéntica que ocurrió en Canadá.

Dice que allí las estadísticas confirman «un total de cinco por ciento menos» en la criminalidad entre 1992 y 1993. En 1993 se esperaba que el crimen se hubiera incrementado. Por el contrario, a pesar de que se enfrentaron a cierres de fábricas, pérdida de empleos y disminución en los servicios sociales, los canadienses tuvieron menos inclinación a robar.

La verdad es que las personas hacen lo que se les ha enseñado y lo que se espera que hagan. Si eliminamos el concepto de que la pobreza alimenta el crimen y enseñamos con sumo cuidado que la honradez es el mejor camino, veremos sustanciales reducciones en el crimen. Apretarse el cinturón económico es muchas veces una experiencia edificadora que nos enseña a estar más conscientes de las llamadas «necesidades de la vida», de modo que salimos con más fortaleza de los retos económicos y mejor preparados para construir un futuro más próspero.

Casi la única que puede descansar en el trabajo y producir resultados es la gallina.

Una definición de sabiduría

El secreto de la felicidad es admirar sin desear.

–F.H. BRADLEY

Existen fuentes de felicidad muy diferentes del dinero. Un millonario no disfruta más de un libro que un hombre pobre. Un alimento sencillo le sabe tan sabroso a un obrero que ha ganado su comida preparando manjares selectos como al hombre cuyo apetito está hastiado de una dieta perjudicial. El aire libre es tan provechoso para la trabajadora de una fábrica como para la esposa del dueño de la fábrica, y el joven que juega fútbol en la playa se divierte tanto como lo hace un jugador de polo.

Se ha dicho mucho en unas cuantas palabras, ¿no es verdad? Esto es más que decir que las cosas de verdadero valor en esta gran tierra nuestra están al alcance de casi todos. La mayoría se reduce a un asunto de decisión. El hombre pobre puede ir a la biblioteca y leer los libros más extraordinarios de todas las épocas, escritos en el lenguaje de cada época por hombres y mujeres que realmente «estuvieron allí e hicieron eso». De esta manera podemos disfrutar indirectamente las experiencias, adquirir la sabiduría, gozar la belleza, experimentar la alegría y participar de las recompensas emocionales que van unidas a la cultura y la creatividad. También podemos sentarnos en la tranquilidad de nuestros hogares o patios y reflexionar en la vida y en la belleza del atardecer.

Will Rogers dijo que la mayoría de nosotros podemos ser muy felices si preparamos nuestra mente para ser felices. Apagar la televisión y hablar con los vecinos, o invitarlos a tomar una taza de café o a jugar dominó, o sencillamente a hacer rositas de maíz o a asar salchichas nos ayudará a que la felicidad se haga real.

Haz algunas de estas cosas y podrás recordar y decir: «Es verdad, la vida ha sido buena para mí». La sabiduría consiste en utilizar y disfrutar lo que tenemos alrededor y compartirlo con nuestros amigos.

La felicidad tiene una gran ventaja sobre la riqueza: los amigos no tratan de pedirla prestada.

Cómo tratar con las desilusiones

No permitas que las equivocaciones y desilusiones del pasado dirijan y controlen tu futuro.

Pregunta: ¿Cómo te sentirías si perdieras una medalla olímpica de oro por dos milésimas de segundo? Quizás te preguntes: *¿Cómo logran medir con tal exactitud?* Matemáticamente hablando, la distancia que puedes nadar en dos milésimas de segundo es quizás el grosor de una capa de pintura. Debió haber sido un trago amargo que hayas practicado durante años, haber estado muy cerca del premio final y sin embargo perderlo por ese estrecho margen en los cuatrocientos metros individual.

Un fascinante artículo del número de diciembre, 1995 de *Sky Magazine* narra lo que sucedió al nadador estadounidense Tim McKee. Sucedió en los Juegos Olímpicos de Munich cuando el tiempo en la natación olímpica acababa de «pasar de cronómetros al uso de sensores electrónicos». En esa época la medición de los cronómetros no era de más de centésimas de segundo, pero los recién instalados sensores electrónicos podían medir la distancia en milésimas de segundo. Según el cronómetro, McKee empató el primer lugar con Gunnar Larsson de Suiza a una centésima de segundo, pero según el sensor electrónico, perdió por dos milésimas de segundo.

Para empeorar el asunto, en la competencia de Los Ángeles en 1984 se otorgó la medalla de oro a los dos nadadores, quienes quedaron empatados a una centésima de segundo. Estoy seguro de que la desilusión de Tim McKee era intensa, pero en la vida tenemos muchas desilusiones. Quienes se concentran en las cosas más grandiosas se pueden desilusionar brevemente y seguir su camino. Espero que Tim se haya dado cuenta de que toda su vida está frente a él y ya sea que gane o pierda la medalla de oro, siempre tendrá capacidad innata, dominio, carácter, determinación, amor, compromiso, responsabilidad y todo lo demás que lo ayuda a triunfar en la vida.

La vida es como un juego de tenis. Quien mejor sirve raras veces pierde.

Esto es importante

A menudo oímos decir: «Soy un autodidacta». Por consiguiente nunca hemos oído decir: «Soy un auto- fracasado».

Vivimos en un mundo muy apurado, y a pesar del ahorro de tiempo, de los enfoques en ahorrar trabajo y de los dispositivos modernos, además de la tecnología ae- rodinámica, parece que nuestros anhelos y deseos nece- sitan más tiempo extra del que brindan la nueva tecnología y la planificación. Esto en realidad significa que debemos dar prioridad a lo importante para «mante- ner lo esencial en primer lugar».

El ejemplo más fascinante de esto es la historia de la escritora y diplomática Clare Booth Luce, quien narró su visita a John F. Kennedy cuando él estaba en la Casa Blanca. A ella se le conocía por sus modales francos y sencillos.

—Señor Presidente —dijo al señor Kennedy—, usted debe expulsar del hemisferio a los soviéticos.

Hablaron durante unos minutos, hasta que sonó el te- léfono y el presidente se fue. Regresó emocionado.

—¡Pasó mi proyecto textil! —dijo—. Ahora bien, ¿qué me estabas diciendo, Clare?

—Señor presidente —respondió la señora Luce—, en nuestra civilización se recuerdan muchos grandes hombres. Dicen que uno de ellos fue a una cruz y murió para que se pudieran perdonar todos los pecados de la humanidad. Dicen de otro hombre que fue en busca de una nueva ruta hacia un mundo antiguo y descubrió un nuevo mundo. De otro dicen que se sublevó contra su madre patria y con un ejército heterogéneo de rebeldes derrotó al más grandioso poderío militar del planeta para fundar una nueva república. Incluso de otro dicen que se debió esconder en la oscuridad de la noche cuando entraba a Washington y se entristeció durante cuatro años porque la nación podría ser medio esclava y medio libre. Señor presidente, de ninguno de estos grandes hombres se dijo: "Logró que se aprobara su proyecto textil"».

Nuestras prioridades son importantes y una vez que las colocamos en orden pueden suceder grandes cosas en nuestra vida.

Él tenía su propio tren de pensamientos, pero nadie más estaba a bordo.

¿Personalidad o carácter?

Reputación es lo que la gente piensa de ti. Personalidad es lo que pareces ser. Carácter es lo que realmente eres.

John Maxwell, una de las más importantes autoridades en liderazgo en los Estados Unidos, dice que la mayoría de las personas prefieren trabajar en su personalidad en lugar de trabajar en su carácter. Cuánta razón tiene. Tal vez esto se debe a que el desarrollo de la personalidad brinda más recompensas inmediatas, es menos exigente y, en muchos casos, involucra poco sacrificio de nuestra parte. El desarrollo de la personalidad tiene que ver con el aprendizaje de nuevas habilidades de conversación, estilos y desarrollo de habilidades de elocuencia.

El desarrollo del carácter es más profundo, bastante más difícil y a menudo exige cambios que son al menos temporalmente incómodos y exigentes. El cambio de hábitos siempre es un procedimiento difícil. El desarrollo de virtudes también exige tiempo, puesto que significa disciplinar algunos de nuestros apetitos y pasiones. Cumplir las promesas y ser sensibles a los sentimientos y convicciones de otros no son cosas que la mayoría de nosotros hacemos de manera natural. Debemos trabajar en ellos. El desarrollo del carácter es la mejor indicación de madurez.

Es una verdad que es más difícil desarrollar el carácter que la personalidad y también es cierto que las recompensas no son tan inmediatas. Sin embargo, las gratificaciones de largo plazo son infinitamente más grandiosas. Es importante valorarte a ti mismo, pero al mismo tiempo poder subordinarte a principios y propósitos mayores es la esencia paradójica de la más elevada humanidad y es el cimiento para el liderazgo eficaz. Estoy seguro de que la necesidad de carácter y liderazgo en el mundo actual es mayor que la necesidad de más individuos con más personalidad. Por suerte, cuando desarrollas el carácter, la personalidad se desarrolla de manera mucho más fácil y natural.

Los buenos tiempos revelan parte de tu carácter, los tiempos difíciles lo revelan todo.

Mira las cosas desde
el punto de vista del prójimo

El único amigo absolutamente desinteresado que el hombre puede tener en este mundo egoísta, el único que nunca lo abandona ... es su perro.

–GEORGE VEST

Mi ejecutiva auxiliar, Laurie Magers, me dijo la mañana del 20 de noviembre que tal vez no podría trabajar al día siguiente porque debía llevar la mascota de su madre, Muffin, al veterinario para esterilizarla. Esto sorprenderá a muchas personas que me han conocido por varios años, pero hace solo unos pocos meses habría pensado: *No logro entender cómo alguien puede faltar al trabajo para atender a un perro.* Yo estaría feliz de dejar de trabajar por mis hijos y nietos, pero las mascotas son un asunto diferente. Mis hijos siempre tuvieron mascotas porque las amaban y ellas amaban a mis hijos. Pero no podía entender cómo alguien se podría apegar emocionalmente de manera tan profunda a las mascotas.

Sin embargo, la situación cambió en marzo de 1995, cuando nuestra hija Cindy pidió a su madre que la acompañara a una exhibición de perros. Allí mi esposa vio un pequeño corgi galés, un perro de tamaño natural con diminutas patas, del cual se enamoró inmediatamente. Yo siempre había dicho que no volvería a tener una mascota, pero la relación con mi esposa es muy importante y «le seguí la corriente» al aceptar que pudiera adquirir uno de tales perritos.

Ese animalito tardó casi tres horas en derretir mi corazón. Al final de la semana la propiedad había cambiado. Él ahora es mi perro, aunque mi esposa disfruta ciertos privilegios como alimentarlo, cuidarlo y jugar con él cuando no estoy. (Sí, ¡es verdad lo que estás leyendo!)

Cuando Laurie Magers me expresó su deseo de hacerse cargo del perrito de su madre, rápidamente estuve de acuerdo. No es raro que comprendamos con facilidad los sentimientos de la otra persona cuando los llegamos a conocer. El mensaje es claro: No juzgues. Ponte en la posición de la otra persona y trata de pensar como ella piensa o de sentir como ella siente. Te garantizo que te divertirás más y tendrás mejores relaciones.

Bob Orben dice que un típico hogar estadounidense es donde le dices a tu perro que hable y a tus hijos que se callen.

Cómo manejar las críticas

Nadie aprecia tanto el valor de la crítica constructiva como quien la está haciendo.

El finado humorista Groucho Marx dijo: «Sea lo que sea, no estoy de acuerdo». Mi diccionario dice que *crítica* es «el arte de juzgar con propiedad las bellezas y fallas de una actuación; resaltar las bellezas y defectos; observación crítica, verbal o escrita».

El coronel George Washington Goethals, el hombre que terminó el Canal de Panamá, manejaba las críticas de manera eficaz. Durante la construcción tuvo muchos problemas con la geografía, el clima y los mosquitos. Como en todo proyecto colosal, él tuvo sus críticas cuando regresaba a casa quienes machacaban en lo que estaba haciendo y predecían que no terminaría el proyecto. No obstante, se mantuvo en la tarea y no decía nada.

—¿No vas a contestar las críticas? —le preguntó un día uno de sus socios.

—Sí —respondió Goethals.

—¿Cómo?

—Con el canal.

Aunque tal enfoque no daba satisfacción inmediata, el canal mismo lo reivindicaría a largo plazo.

Aristóteles consideraba la crítica como una norma de los que le gustan hacer juicios. Addison dijo que era ridículo para cualquier hombre criticar las obras de otro si su desempeño mismo no había sido sobresaliente.

El mundo es severo en las críticas, pero estas a veces tienen valor real. Hazte esta pregunta: *¿Qué interés tiene esta persona (el crítico) en mí?* Un padre, maestro, jefe o entrenador tienen un interés creado en tu desempeño. Por desgracia, muchos de ellos no saben cómo edificar con eficacia a una persona al darle sugerencias que puedan marcar una diferencia. La clave es criticar la actuación, no al actor. Mi madre criticó una vez mi actuación al decir: «Esto estaría bien para la mayoría de los muchachos, pero tú no eres como la mayoría de los muchachos, eres mi hijo, y mi hijo puede hacerlo mejor». Ella «criticó la actuación» que necesitaba mejorar, pero elogió al actor porque necesitaba la alabanza.

Es difícil aceptar la crítica sincera, particularmente cuando viene de un familiar, un amigo, un conocido o un extraño. (FRANKLIN P. JONES)

La memoria es importante

Sé como un borrador: reconoce tus errores, aprende de ellos y luego bórralos de tu memoria.

Cuando alguien me pregunta si recuerdo algún acontecimiento o alguna persona, si no lo recuerdo una de mis respuestas favoritas es reconocerlo con una sonrisa. Luego explico que tengo una memoria brillante, pero que es terriblemente pequeña.

La verdad es que la memoria es esencial para muchas cosas. Si no las recordamos, estamos completamente perdidos y en una especie de confinamiento. Sin embargo, hay algo que puedes hacer de inmediato para mejorar tu memoria de manera sustancial. El doctor Douglas Hermann señala en su libro *Super Memory* [Supermemoria] que la sola práctica puede mejorar la memoria «global» y estimular de modo considerable la capacidad de recuperación en ciertas áreas de la vida. Dice que puedes obtener resultados espectaculares cuando practicas específicas tareas de memorización.

El doctor Hermann manifiesta que la mayoría de las personas que intentan aprender una larga sucesión de números, recordarán correctamente casi siete de ellos. No obstante, dice que después de practicar por varios meses, muchas personas pueden recordar cuarenta, cincuenta, sesenta o hasta ochenta números seguidos. El único problema es que se necesita algo de trabajo y compromiso con el objetivo.

El doctor Hermann señala que la mayoría de las personas pueden recordar normalmente casi una tercera parte de lo que saben. Sin embargo, después de un mes de práctica diaria para recordar partes específicas de información, pueden mejorar dramáticamente, ya sea al recordar una localización geográfica, un hecho histórico o un suceso personal que tuvo lugar muchos años antes. Esto prueba que si tenemos una «mala memoria», quizás se deba a que no está entrenada o sea haragana. Trabaja en tu memoria. Te divertirás más y serás más eficaz, más productivo y más feliz en el proceso.

Si quieres probar tu memoria, trata de recordar lo que te preocupaba hace un año.

El salto de diez días

Todos encontramos tiempo para hacer lo que en realidad queremos hacer.

—WILLIAM FEATHER

Para la mayoría de nosotros la llegada de un ansiado suceso, como el nacimiento de un bebé, unas vacaciones esperadas por mucho tiempo, el regreso a casa de un ser querido, o el partido importante que hemos estado esperando, parece que nunca llega.

Por otra parte, el calendario se acelera a velocidad vertiginosa ante uno de esos terribles acontecimientos como la fecha en que se hará definitivo un divorcio o en que ingresarás a un hospital para ser operado, o cualquier suceso que conlleve dolor, desesperación o sensación de pérdida.

Sin importar cómo enfrentes una fecha particular con ansia o temor, te fascinará saber que el 24 de febrero de 1582 una comisión eclesiástica nombrada por el papa Gregorio XIII decidió cambiar el calendario, suprimiendo diez días y adoptando un «año recortado». De inmediato la fecha se volvió diez días después para los países que aceptaron el cambio.

No tengo información del caos resultante y la confusión que sin dudas llegó como consecuencia del cambio

157

de fecha. Me puedo imaginar el disgusto de las personas que cumplieron años en esos diez días, debido a que se perdieron un cumpleaños o aniversario, que generalmente traen más alegría que dolor.

En esta época de litigios, probablemente muchos empleados demandaron a sus patronos al no recibir salario por los diez días que no trabajaron. Algunos acreedores estarían acosados por amenazas y súplicas si no estuvieran dispuestos a torcer las reglas y conceder unos pocos días de gracia a las personas que les debían.

Sin embargo, si hoy vivimos un día a la vez y si a diario damos lo mejor de nosotros, nos estamos preparando de la mejor manera para el futuro. Después de todo, hoy es el mañana del ayer en el que íbamos a hacer mucho. Haz «bastante» cada día, y todos tus mañanas serán mejores.

El tiempo vuela. De ti depende ser el piloto. (ROBERT ORBEN)

Ocupado pero educado

La primera responsabilidad de un líder es definir la realidad. La última es agradecer. Entre la una y la otra el líder debe convertirse en siervo y deudor. Eso resume el progreso de un líder ingenioso.

–MAX DEPREE

Al expresidente de los Estados Unidos, Theodore Roosevelt, se le ha descrito como el fundador del partido Bull Moose, como un gran cazador, como un hombre de familia, como un siervo cívico, como el hombre que dirigió sus tropas en la batalla de San Juan durante la guerra hispano-americana y como muchas otras cosas.

La vida de Roosevelt indicaría que no solo fue un extraordinario triunfador sino uno de los hombres más ocupados y bien organizados que han existido. Sin embargo, con todas sus ocupaciones, hasta en sus viajes de campaña en que era mayor la demanda de su tiempo, conservaba algunas de esas cualidades humanas que lo llevaron al éxito. Un ejemplo sencillo: Nunca olvidó agradecer a los demás por lo que hacían por él. En sus cortas visitas durante sus viajes de campaña siempre hacía detener su auto privado para agradecer al ingeniero y a los bomberos por el seguro y cómodo viaje. En verdad le llevaba solo unos minutos de su tiempo, pero cuando tus minutos son pocos, son muy importantes. No obstante, él sentía que esos minutos eran bien invertidos y los disfrutaba conociendo las personas que le habían servido con esmero. En el proceso hizo amistades para toda la vida. Hacer cosas sencillas, pensar en los demás y granjearse el cariño de las personas en todos los Estados Unidos fue en realidad un premio extraordinario por los pocos minutos que necesitó para agradecer.

Alguien dijo una vez que siempre podrías describir a un «gran hombre» por la manera en que trata a un hombre «insignificante». Por ese solo criterio debes estar de acuerdo en que Theodore Roosevelt fue un «gran hombre». Mensaje: Saca tiempo para ser amable y «agradecer». Las recompensas pueden ser enormes.

Dos maneras de hacer que cada día sea mejor son pensar y agradecer.

Clase

Algunas personas dejan sus huellas en la arena del tiempo, pero otros solo dejan la marca de un talón.

De vez en cuando alguien da a otro individuo el elogio máximo: «Tienes clase». O sencillamente describe un comportamiento específico y dice: «Eso es de clase». Al presentar a alguien, a veces un maestro de ceremonias dice: «Si ustedes miran el diccionario y buscan la palabra *clase*, encontrarán una descripción del orador de esta noche».

Una persona con clase es un individuo de integridad, alguien a quien te encantaría tener como padre o hijo, amigo o vecino, mentor o consejero. En resumen, la clase identifica a alguien «excelente» que corre la milla extra al ser amable con quienes le sirven cortésmente.

Me encanta la descripción de Bill Daniels: «Clase es algo que eliges por ti mismo. Es competir honestamente, enfrentar los problemas, recibir elogios con gracia y humildad, y no golpear a tus competidores. Si tienes clase eres leal tanto para contigo mismo como con los que te rodean. La clase nace del respeto propio y del sano respeto a otros. No todo se puede lograr siempre en este mundo. Por fortuna, la clase sí».

Clase es el entrenador que da a cada muchacho en el equipo su turno «al bate», sin importar la capacidad del jovencito o los partidos ganados o perdidos del equipo.

Te animo a que identifiques a alguien con clase y utilices esa persona como un modelo a seguir. Un individuo puede no ser rico y famoso, ni siquiera brillante, pero todos podemos aspirar a ser personas de clase.

Las personas de mentalidad cerrada son como las botellas de boca estrecha. Mientras menos contenido tienen, más es el ruido que hacen al derramarlo. (PAPA ALEJANDRO)

Ella es firme, pero amorosa

Cualquiera puede ganarse la vida. Sin embargo, el deber y la oportunidad de todo el mundo es levantar una vida.

La hermana Connie Driscol es una monja que hace milagros entre drogadictos y alcohólicos desamparados en Chicago. Su programa mantiene alejados de las calles a 95% de sus antiguos clientes sin techo. Su costo es aproximadamente de $7.35 diarios por persona.

La monja envía a todos a dormir a las 7:30 p.m. y los despierta a las 6:30 a.m. Lleva a cabo registros periódicos y exámenes de drogas. Hace responsable a cada residente de su propia conducta y rendimiento. El centro se llama Casa de Esperanza San Martín de Poores, donde el «amor firme» en realidad significa firmeza.

La hermana Connie es una veterana de la Guerra de Corea que creció en una granja donde se acostumbró a las labores manuales. Con el mazo en la mano, ella y su colega, la hermana Teresa, derribaron unas cuantas paredes de ladrillo en el deteriorado edificio que les habían donado, el cual pronto se llenó de hombres, mujeres y niños sin techo. Algunos de sus inquilinos se quejaban de la comida y otros se negaban a tender sus camas o utilizaban drogas en el local. Incluso llegaron a decir: «No barreré el piso porque tengo derechos». Ella solo decía: «No». Comenzó buscando bajo los sanitarios y levantando los colchones en busca de drogas. Solicitó que un equipo policial SWAT hiciera una redada en su residencia a las 7:00 a.m. Ella no se andaba por las ramas. Los residentes se sometieron voluntariamente a este trato porque sabían que esta era su única esperanza de escapar de la miseria que se había vuelto parte de sus vidas.

Se incluyen sesiones obligatorias del programa de doce pasos de Alcohólicos Anónimos y Narcómanos Anónimos, existen clases de equivalencia escolar secundaria y sesiones de cuidado infantil, manejo del hogar y preparación para entrevistas de empleo. Los miembros del personal enseñan a las mujeres a equilibrar las compras y a equilibrar cuentas de cheques. La hermana Connie sabe que para la mayoría de sus clientes el problema principal no es la falta de dinero sino la falta de responsabilidad personal. Dice a las mujeres: «No importa lo que haya ocasionado tus problemas, solo tú puedes solucionarlos». ¿No sería bueno que en cada rincón de la nación tuviéramos una hermana Connie con su comprometido personal que prácticamente trabaja por nada y da todo de sí?

Piensa en esto. Las personas que cometen equivocaciones son las que hacen todo. Quienes no se equivocan no hacen nada.

¿Desafío o parálisis?

A veces no es fácil pedir perdón, comenzar de nuevo, admitir errores, recibir consejo, ser desprendido, perseverar, ser sincero, aprender de los errores, olvidar y perdonar, pensar y después actuar, cargar con una culpa merecida; pero siempre es provechoso.

Dwayne Pingston está paralizado desde la cintura hacia abajo, pero de ninguna manera se encuentra inmovilizado. En 1983, cuando solo tenía diecinueve años, evitó un choque de frente al virar bruscamente a la derecha. En el proceso fue a dar al borde de la carretera y salió disparado del auto. Se rompió la nuca y las piernas le quedaron inservibles.

Para muchos eso significaría el fin de esperanzas, sueños, actividad y ambición, pero para Dwayne era solo el desafío de tomar lo que aun le quedaba y utilizarlo con la máxima habilidad. Él tiene una actitud increíble. Es de buen corazón y modesto, y más activo que la mayoría de las personas con dos piernas fuertes. Es un entusiasta pescador y cazador de venados. Juega balón cesto en silla de ruedas para el equipo Easter Seals All-American y ayudó a inaugurar un campo de basquetbol para treinta y nueve chicos de los barrios bajos con incapacidades que van desde parálisis cerebral hasta espina bífida. Compite con autos de carreras en Milan Dragway cerca de Ann Arbor, Michigan, nada con entusiasmo y ha ayudado a la tripulación de un velero de treinta y ocho pies en Port Huron para la carrera Mackinac.

En su tiempo libre Dwayne restaura autos antiguos y también tiene dos empleos. Entrega autos diseñados por encargo en Jaguar of Troy a clientes en todo el país. Su sentido del humor es increíble y hasta resalta la ventaja de tener insensibilidad en las piernas, como cuando se fracturó los dos tobillos jugando rugby en silla de ruedas.

¿Significa esto negación? No. Él solo reconoce el hecho de que está paralizado de la cintura para abajo y estará así el resto de su vida. Puede lamentarse de su suerte o reconocer todo lo que aun puede hacer y dedicarse a hacerlo. Aquí hay una extraordinaria lección para todos nosotros: No nos lamentemos por lo que hemos perdido; alegrémonos de lo que todavía tenemos.

Conciencia es lo que duele cuando todo lo demás se siente muy bien.

Esperanza: Primer paso hacia el éxito

*Nadie exige muchas explicaciones por un trabajo
bien hecho.*

Tal vez la más antigua historia motivacional de ventas es la de un vendedor que fue al África a vender zapatos e informó a su compañía que era imposible vender zapatos allí porque todos andaban descalzos. El que lo reemplazó informó que era el mercado más extraordinario que había visto, puesto que nadie usaba zapatos. Un vendedor tenía esperanza, el otro no. Sin esperanza no hay esfuerzo.

Cuando hace varios años el desempleo era alto conocí una dama cuyo amigo íntimo había estado desempleado por un año y había perdido toda esperanza. Eso es comprensible; sin embargo, las necesidades económicas continúan sin tener en cuenta el estado de nuestra esperanza. Pedí a la dama que leyera a su amigo algunas cifras estadísticas que le serían útiles. Señalé que 140 millones de estadounidenses tenían empleo y que 22% de ellos, o sea casi 30 millones, estaban laborando en empleos que no tenían un año atrás. Eso significa que 30 millones de personas habían sido «contratadas» en los últimos doce meses, casi 2,5 millones de nuevos empleos cada mes, cada semana se empleaban más de

600 000 y cada día más de 120 000 personas eran contratados. Yo la alenté a que compartiera con su amigo que ya que 120 000 trabajos serían ocupados cada día, él debia salir a la calle con su historial preparado y con un entusiasta y optimista enfoque de la vida, equipado totalmente con referencias y determinación, y conseguir uno de esos empleos.

Estoy convencido de que el amigo de esa mujer consiguió empleo si siguió tal consejo. La diferencia clave es la palabra *actitud*. Según investigaciones llevadas a cabo en Harvard y en Stanford, 85% de los motivos por que las personas consiguen empleos y prosperan en ellos se debe a que tienen la actitud mental adecuada. Ese enfoque convertirá al desempleado en empleado.

Prácticamente nadie que pierde su empleo dice: «Logré que me despidieran».

La necesidad es la madre de la invención

La vida es como un helado, justo cuando piensas que acabaste de lamerlo, te gotea toda la ropa.

Desde mi infancia, el helado ha sido mi postre favorito. Como vengo de una familia numerosa y me crié durante la depresión, de vez en cuando teníamos un helado «batido» el domingo por la tarde. No podíamos servirnos mucho, lo que lo hacía particularmente placentero. Con el paso de los años creció mi pasión por el helado y llegó el momento en que podía recitar de memoria los cuatro mejores helados que se encontraban en los Estados Unidos. Además, es interesante que los mejores sabores venían de cuatro fábricas diferentes. Aun hoy día se me hace difícil pasar por la venta de helados sin detenerme por un instante a probar una (o dos) bolas. Por desgracia mi cuerpo retiene el helado y mi consumo actual está muy limitado.

Esto me hace recordar una fascinante historia sobre el helado y el sundae. Por necesidad, un comerciante de Wisconsin llamado Smithson inventó el helado sundae en 1890. En esa época no hacían entregas los domingos, de modo que con el fin de evitar quedarse sin mercancía para vender, redujo la cantidad de helado en cada venta y agregó a la mezcla una capa de chocolate o un poco de frutas. La mezcla tuvo tanta aceptación, que sus clientes le pidieron que la vendiera también los otros días de la semana. Él quiso suplir las necesidades y deseos de sus clientes, pero algunas personas objetaron el uso de la palabra *Sunday* [domingo] porque era el día del Señor. Sentían que era profano llamar a un plato de helado igual que el día del Señor. Por eso modificó la grafía por «sundae». Hoy día el helado sundae es el favorito para millones de personas.

Piensa en que de no haber sido por una escasez de helado no tendríamos el sundae. La próxima vez que tengas una escasez de algo, piensa en cómo puedes aprovecharla. ¿Quién sabe? Tal vez se convierta en algo lucrativo como el sundae.

Me gusta el helado de chocolate, pero cuando voy de pesca uso gusanos porque a los peces les encantan.

El halcón y el gorrión

En el instante en que te pones una meta se enciende una luz en tu futuro.

–JIM PALUCH

Esta mañana descubrí un gran halcón en el sauce que hay detrás de mi casa. ¡Dos o tres pajaritos, que me parecieron gorriones, molestaban al halcón! Este se hallaba cómodamente situado y uno de ellos se lanzó contra él, seguido al instante por otro. El halcón cambió de lugar tres o cuatro veces, pero esos pajaritos no dejaban de fastidiarlo hasta que se fue hacia lo desconocido. Cuando vi lo que pasaba recordé la diferencia entre el halcón y el águila. Si sus enemigos la persiguen, en vez de no hacerles caso o tratar de evitarlos, vuela directo hacia el sol. El águila tiene una cubierta especial en los ojos que le permite mirar directamente al sol por un momento y de inmediato bajar la mirada y descubrir abajo un ratón del campo. Se siente segura cuando se dirige a la luz.

Podemos relacionar este ejemplo con hombres y mujeres. Los individuos insignificantes (no me refiero al tamaño) se abruman fácilmente con los problemas de la vida, se fastidian por cualquier crítica, y se enojan por las indirectas de otros. Se retuercen y se ponen a la defensiva, pero esto solo alienta a los fastidiadores a molestarlos más. Sin embargo, a los hombres y mujeres de integridad, quienes tienen dominio propio, no les afecta lo que las personas «insignificantes» dicen de ellos. Igual que el águila, se ocultan de sus enemigos en la luz, porque saben quiénes son y cuál es su importancia. Comprenden que con integridad no tienen nada que temer porque no tienen nada que ocultar.

Espero que la comparación sea clara, aquí hay una lección que podemos aprender. Vive con integridad, ocúltate en la luz.

Si tienes deudas, alégrate y canta. Recuerda que las aves eso es lo que hacen.

¿Cuáles son tus expectativas?

Consigues mejores resultados cuando tienes altas expectativas. Esto es cierto en ciencias, matemáticas, lectura, fútbol o música.

—CHARLES ADAIR

La escritora y conferencista Mamie McCullough cuenta esta historia: Hace varios años cuando comenzaba el curso escolar, a la maestra de segundo grado, Frances Hurst, del condado Rayville Parish, en Rayville, Louisiana, le dijeron que tenía una clase «media» de estudiantes. En esa época se agrupaba a todos los estudiantes en categorías «baja», «media» y «alta». Este agrupamiento molestó mucho a la señora Hurst porque nunca antes había enseñado «habilidad de grupo».

En su primer día de clases los estudiantes le dijeron que eran el «grupo medio», y en ese momento ella se puso en acción. Cerró la puerta, colocó papel sobre los cristales de la ventana y dijo a los estudiantes que había habido un error y que en realidad pertenecían a la categoría «alta». A partir de ese momento los trató como si fueran del grupo alto. Sus expectativas para ellos eran elevadas; en consecuencia crecieron las propias expectativas de ellos y su confianza. Al final del año escolar el examen SRA (el cual se da para medir la puntuación de

173

cada grupo) reveló que su grupo estaba un año por encima de la categoría «alta». Puesto que este examen daba un promedio, algunos de los estudiantes probaron estar por encima del grupo «alto».

Alguien dijo una vez que si tratas a una persona como es, la haces peor de lo que era. Pero si la tratas como la persona que puede llegar a ser, harás de ella el mejor individuo posible. Esta filosofía es maravillosa porque es verdadera. Esto lo demostró de manera acertada la señora Frances Hurst. ¿No sería extraordinario que todo padre, maestro y jefe en los Estados Unidos tratara a los demás como si estuvieran en la categoría «alta»? Son dramáticas las posibilidades de que todo sería mejor. No puedes influir en todos, pero puedes influir en aquellos con quienes trabajas y vives. Colócalos en la categoría alta y ellos subirán más alto y por consiguiente tú también.

Si te vas en contra del universo encontrarás divisiones.

Los grandes no comenzaron
con grandeza

Algunas grandes personas hacen que otras se sientan pequeñas, pero quienes en verdad son grandes hacen que todos se sientan grandes.

Si los aficionados del balóncesto que hoy día ven los Chicago Bulls no conocen la historia, quizás se asombrarían al saber que Michael Jordan, considerado por muchos como el más grandioso jugador de balón cesto de todos los tiempos, fue separado del equipo cuando estaba en segundo año de su escuela secundaria superior. Por suerte no dejó de jugar y los resultados hablan por sí mismos.

Los fanáticos del fútbol americano que han seguido el campeonato de la NFL por muchos años consideran que Joe Namath, con su gran brazo, es uno de los mejores atletas y ciertamente uno de los mariscales de campo más inteligentes y seguros de sí mismos que jamás jugó ese juego. Cuando estaba en segundo año de la enseñanza secundaria superior pesaba sesenta kilos y medía 1,70 mts. Venía de una familia de atletas, tenía habilidades atléticas y aunque sus hermanos mayores eran útiles, él era el delantero de la cuarta línea en el equipo JV. Después del segundo partido se acercó a Bill Ross, el director técnico y entrenador del Colegio Beaver Falls, para decirle que estaba pensando en salirse del partido «porque soy demasiado pequeño para llegar a ser un delantero».

Bill Ross sonrió y estuvo de acuerdo en que Joe era demasiado pequeño entonces y que no jugaría mucho en el equipo de segundo año, pero «yo sabía que él era un buen atleta y que crecería. Le dije a Joe que no era el momento indicado de renunciar y que él no se había probado a sí mismo de una u otra manera. Por lo tanto le dije: "Vete a casa y piensa durante la noche antes de tomar la decisión definitiva". La tarde siguiente estaba de regreso en las prácticas. Antes de finalizar la temporada, el equipo JV jugó de visitante contra Elwood City, Namath estuvo extraordinario y la leyenda del fútbol estaba en camino». Mensaje: No renuncies.

No hay victorias a precios de ganga.

Una verdad eterna

Una de las compensaciones más hermosas de esta vida es que nadie puede sinceramente intentar ayudar a otro sin ayudarse a sí mismo.

–RALPH WALDO EMERSON

Mientras revisaba mis archivos encontré un artículo de *Catholic Digest* escrito por Mary Kinsolving, el cual es tan valioso hoy día como lo era en la época en que fue escrito hace varios años. La señora Kinsolving cuenta una historia de su vida en Manhattan. Cuando era niña, su madre la llevaba caminando cuatro cuadras hasta la escuela cada mañana y luego volvían a casa caminando en la tarde. Una mañana invernal su madre se enfermó de neumonía y Mary debía ir sola a la escuela y regresar también sola. Dice que en el camino a casa el segundo día cayó en el hielo mientras atravesaba la calle y en ese momento un auto se fue patinando hacia ella y se detuvo a pocos centímetros. «El conductor me ayudó a levantar —dice ella— y me las arreglé para llegar a casa pero no le conté nada a mamá para que no se preocupara».

La mañana siguiente las calles estaban aun más heladas y cuando Mary llegó a la primera intersección estaba aterrorizada y se quedó allí parada por mucho tiempo. Finalmente llegó una anciana hasta donde estaba ella.

«No veo muy bien —dijo la dama—. ¿Podrías darme la mano mientras atravieso la calle?» Ella replicó: «Con gusto». La anciana tomó la mano de la niña y «al poco tiempo estuvimos en el otro lado». Entonces Mary Kinsolving caminó un poco y se volvió para ver qué estaba haciendo la señora. Para su sorpresa, «ella estaba cruzando la calle que acabábamos de atravesar juntas y caminaba sola mucho más rápido de lo que lo hicimos antes». La señora Kinsolving se dio cuenta entonces que la dama había fingido escasez de vista solo para ayudarla a pasar la calle. Mucho después en la vida comprendió que podía vencer sus propios temores ayudando a otra persona.

¡Qué maravilloso consejo de los años pasados!

Es difícil decir lo que da felicidad, tanto la pobreza como la riqueza han fracasado.

Fracasaste, ahora siéntate

Una de las ironías de la vida es que en el mismo momento en que estamos enseñando a nuestros hijos a caminar debemos también enseñarles a alejarse. Mientras alimentamos las raíces debemos también ayudarles a extender sus alas.

–PERIÓDICO EXECUTIVE SPEECHWRITER

La mayoría de los padres experimentan la alegría de ver que sus hijos se dan la vuelta, después gatean, luego se ponen de pie y más tarde dan sus primeros pasos. Les extienden las manos para animar al pequeño a dar dos o tres pasos hacia ellos. Las posibilidades son una en tres billones de que cuando el niño se cae el padre le diga: «Verás, ¡tuviste tu oportunidad y la perdiste! ¡No volverás a intentar caminar de nuevo!» Eso es absurdo; sin embargo, ¿no es igualmente absurdo pensar que podemos conseguir logros importantes en nuestras vidas sin experimentar alguna clase de revés? Todos debemos recordar que el fracaso es un suceso, no una persona, y que el éxito es un proceso y no solo un hecho momentáneo. Pocos triunfan de la noche a la mañana. Por el contrario, para triunfar se necesita tiempo.

Troy Aikman, Steve Young, Brett Favre y Dan Marino son jugadores de defensa sumamente efectivos de la

NFL y cada uno de los cuatro ha lanzado más pases im-completos que 99% de todos los jugadores de defensa que alguna vez han lanzado una pelota de fútbol ameri-cano. Por supuesto, en sus carreras ellos también lanza-ron una enorme cantidad de pases perfectos. Es probable que el mejor vendedor de una empresa pierda más ventas que el 90% del resto de los vendedores, pero también tie-ne más triunfos que los otros. Aún no ha existido un mé-dico que atienda muchos pacientes y que a pesar de sus mejores esfuerzos no se le hayan muerto algunos. Ellos entienden que eso es parte de la vida.

Todos debemos recordar que hay una gran diferen-cia entre fracasar en algo y fracasar en la vida. Una vez que entendamos esto crecen de manera sustancial nues-tras posibilidades de éxito. Debemos recordar que los ganadores son individuos que se han levantado más ve-ces de las que han caído.

El fracaso es el sendero de la menor persistencia.

Somos emocionales

¿Cuánto más dolorosas son las consecuencias de la ira que sus causas?

–MARCO AURELIO

La mayoría de las personas se enorgullecen de tomar decisiones lógicas, pero las investigaciones demuestran de manera concluyente que tomamos principalmente decisiones emocionales debido a que en lo profundo somos seres emocionales. Pregunta: ¿Viste la película *E.T.*? Si la respuesta es sí, la pregunta siguiente es: ¿Lloraste? Existe una posibilidad en cuatro mil de que tu respuesta haya sido «sí» o «casi». ¿Es eso lógico? *E.T.* es el producto de una fértil imaginación y no era humano ni animal, y sin embargo tus emociones se desencadenaron y derramaste lágrimas como resultado de la historia.

Muchos de nosotros reaccionamos emocionalmente cuando nuestro estado aprobó el uso obligatorio del cinturón de seguridad. Nos preocupamos, nos inquietamos y nos quejamos: «¿Qué será lo próximo que el gobierno nos obligará a hacer?» Sin embargo, es extraño que nadie se queje por tener que usar el cinturón de seguridad en un avión. Lo cierto es que el uso del cinturón de seguridad en un auto reduce dramáticamente la posibilidad

181

de heridas o de muerte. No obstante, el cinturón de seguridad casi no sirve de nada cuando un avión se estrella.

Nuestras emociones son importantes y no es saludable que estén sin control. Un artículo de *Psychology Today* señala que si pensáramos por solo cinco minutos en algún acontecimiento emocional que nos hizo enojar y después pensáramos un poco en algo que nos hizo sentir agradecimiento, cariño y compasión, habría una dramática diferencia en nuestra respuesta corporal. Nuestro corazón late más rápido y sentimos estrés cuando nos enojamos. «Es como conducir un auto con un pie en el freno y otro en el acelerador. Cuesta mucha gasolina y desgaste de los frenos y la dirección», observa Rollin McCraty. Sin embargo, cuando tenemos pensamientos y sensaciones agradables, el corazón palpita lentamente, nuestro sistema funciona mejor y nos sentiremos mejor.

Mensaje: Trata de controlar tu ira y ten pensamientos agradables, recordando buenas experiencias; así puedes desviar la ira hacia una respuesta saludable.

Si eres paciente en un momento de ira, escaparás a cien días de tristeza.

Trata a las personas como a vacas

Muchos consideran la empresa privada como un tigre depredador al que se debe disparar. Otros la ven como una vaca que pueden ordeñar. Solo unos pocos la ven como en realidad es: el fuerte caballo que hala la carreta.

—WINSTON CHURCHILL

Papá murió durante la Gran Depresión, cuando yo tenía cinco años. Todos los seis hijos éramos demasiado pequeños para trabajar fuera de casa, pero hicimos nuestra parte en los alrededores de la casa. Nuestra sobrevivencia económica dependía de cinco vacas lecheras y un gran huerto. Vendíamos el excedente de la leche, mantequilla y verduras.

A los ocho años de edad yo ordeñaba las vacas y puedo asegurar por experiencia que las vacas no «dan» leche; ¡debes luchar por cada gota! También te puedo decir que la manera en que tratas la vaca tiene relación directa con la cantidad y calidad de la leche que produce. Dos cosas pueden ocurrir si la golpeas y la maltratas cuando te preparas a ordeñarla: Dará menos leche o esta no se podrá usar, porque cuando la vaca se enoja a menudo produce leche amarga. Además, ella podría contraatacar y patearte.

No estoy sugiriendo que debas «besar» la vaca sino que te estoy animando a que le hables amablemente y que la acaricies una o dos veces para que le hagas saber que agradeces sus esfuerzos. Mi madre amaba sus vacas y esperaba que nosotros también las amáramos. En consecuencia obteníamos de ellas el máximo de producción, lo que nos daba un dividendo extra. Después de tenerlas por dos o tres años hacíamos que la producción de leche se incrementara tanto, que mamá podía venderlas por mucho más dinero de lo que le costaban. Eso era para nosotros una ganacia adicional.

He aquí el mensaje: Trata a las personas de manera amable, con tacto, respeto y consideración. Ellas responderán favorablemente, y si resulta que están en tu nómina, trabajarán más duro y serán más productivas. Por otra parte, si abusas de ellas serán incapaces de dar lo mejor de sí.

La risa es la loción para las quemaduras de la vida.

Da de lo que tienes

Solo hay una manera de triunfar en algo: darlo todo.

—VINCE LOMBARDI

Agnes W. Thomas cuenta la historia de lo que sucedió cuando su vecina murió y dejó una hija de catorce años llamada Amy, quien a menudo se quedaba sola mientras su padre trabajaba. «Amy pasaba mucho tiempo después del colegio en mi apartamento, por lo tanto decidí enseñarle a tejer a crochet.

»Durante los años pasamos juntas muchas horas felices mientras trabajábamos. Una Navidad llamamos a un asilo de ancianos y les preguntamos si tenían ancianas que no recibieran regalos de navidad. Amy y yo llevamos la víspera de Navidad nuestras faldas tejidas a crochet a esas personas.

»Amy se casó el año siguiente y se mudó; más tarde, cuando regresó al área con su hermosa bebita pelirroja, llamó y me preguntó si la víspera de Navidad planeaba visitar el asilo.

»Quiero ir contigo —dijo—, pero no he tenido tiempo de tejer desde que nació Jennifer, así que no tengo regalos para ellas.

»No te preocupes —le dije—, puedes llevar los míos.

»No, tengo una idea mejor. Llevaré mi tesoro más grande, mi bebita.

»Gran júbilo apareció en los rostros de las ancianas mientras entrábamos al salón con esa preciosa bebita.

»Se parece mucho a mi hija cuando era pequeña —exclamó una de las residentes.

»¿La puedo cargar? —preguntó otra.

Jennifer pasaba de mano en mano como una pelota. Esa bebé llevó más alegría y risas que todas mis faldas tejidas a crochet. Amy también estaba feliz.

»—¿Verdad que les gustó mi bebita? —me preguntó cuando salimos—. Pienso que para hacer feliz a los demás solo debes dar lo que tienes».

Es cierto. El espíritu humano se anima con el amor y la preocupación por otra persona. ¿Qué podría ser más estimulante y agradable para un anciano que cargar un inocente bebé? Ese es un verdadero regalo en cualquier época del año.

Nunca te canses de dar.

¿Adictos al trabajo o máximos trabajadores?

Una persona perdida en su trabajo tal vez haya encontrado su futuro.

En este tiempo de reducciones colectivas hay mucho temor en el mercado. Sin embargo, en cierto grado siempre ha habido un poco de miedo en lo relacionado con nuestra seguridad laboral y por varios años ha sido común la expresión *adicto al trabajo*. Me gustaría señalar que hay una diferencia entre el «trabajador al máximo» y el «adicto al trabajo», y en los motivos que los impulsan.

Con frecuencia el adicto al trabajo lo hace por temor y avaricia, las cuales son emociones negativas que finalmente conducirán a algunos problemas graves en la vida del individuo. El excesivo temor no es una buena compañía, y no es saludable que el trabajador se dedique a laborar desde temprano hasta muy tarde por temor a perder el empleo.

Un temor aun más destructivo es el miedo a tratar con las dificultades hogareñas. Muchos adictos al trabajo disfrutan sus empleos y son buenos en ellos, pero no están dispuestos a tomar el tiempo necesario para comunicarse con sus cónyuges o con un adolescente rebelde. Este factor los mantiene por muchas horas en los em-

187

pleos, lo que les ayuda a evitar esos enfrentamientos. Lo «material» también es motivo para el adicto al trabajo, quien quiere una casa más nueva y más grande, el auto de sus sueños o unas vacaciones más largas y exóticas. Estos individuos trabajan para adquirir cosas que no necesitan y a menudo sacrifican su salud y sus familias ante el altar del trabajo.

Los trabajadores al máximo laboran duro porque les encanta lo que hacen. Trabajan con inteligencia, aman sus empleos además de los beneficios y servicios que estos les brindan. También les encanta suplir de manera adecuada las necesidades de sus familias. Es irrefutable la evidencia de que amar lo que haces y a la gente para quien lo haces resulta más saludable, productivo e incluso más provechoso económicamente que trabajar por miedo o avaricia. Examina tus motivaciones. Trabajar por miedo y codicia puede ser emocional y físicamente destructivo. Trabajar horas extras por amor es muy saludable, hasta un punto.

Trabaja por amor.

Cuando era joven descubrí que nueve de cada diez cosas que hacía fracasaban, de modo que trabajaba diez veces más. (GEORGE BERNARD SHAW)

La escuela vs. completar la educación

Quienes no se han destacado en la escuela no se de-
ben desanimar por eso. Las mentes más grandiosas
no necesariamente maduran más rápido.

–JOHN LUBBOCK

Un antiguo dicho asegura que al terminar en la escuela se termina la educación. Esto sencillamente no es verdad. Nunca terminas de educarte y rara vez es fácil, pero
siempre es importante.

Myrtle Estella Shannon hizo ambas cosas: adquirir
educación y completar los estudios. Es verdad que tenía
noventa y un años antes de terminar sus estudios universitarios generales y que pasaron siete décadas desde su
adolescencia. Sin embargo, recibió su título de bachiller
en artes el domingo 21 de enero de 1996. Ella todavía es
dinámica y tiene gran sentido del humor y mucho entusiasmo.

La de la señora Shannon es la inspiradora historia de
una mujer afroamericana criada en Vicksburg, Missis-
sippi, en la época en que a esa raza se negaban oportunidades educacionales, sociales y comerciales. Su familia
se mudó a Gary, Indiana, y después a Chicago.

Myrtle Estella terminó los estudios secundarios a los
dieciséis años, estudió comercio hasta los veinte, y a los

189

cuarenta y siete obtuvo un certificado en artes liberales en un programa de educación para adultos en la Universidad de Chicago. En 1984 comenzó estudios de medio tiempo en la Universidad Roosevelt, pero los abandonó en 1992 por una operación de cataratas. Regresó a Roosevelt en 1995 a recibir su clase final para obtener el título.

La señora Shannon se sentó siempre adelante para poder estar en medio de discusiones intelectuales, y para ver y oír mejor. Era una estudiante sobre el promedio, tomó algunos cursos difíciles y los pudo pasar. En los años en que no estudiaba, viajaba mucho y coleccionaba recuerdos de una vida plena.

Es difícil comprender cómo la señora Shannon pudo persistir durante tantos años, cuando tuvo muchas oportunidades de darse cuenta que en realidad el esfuerzo no valía la pena. No obstante, ¿acaso no estamos felices de que haya culminado y de que además sea un ejemplo maravilloso que podemos seguir?

Cada vez que te gradúas en la escuela de la experiencia, alguien inventa un nuevo curso.

Empápate del asunto

El liderazgo implica movimiento hacia algo y las convicciones proveen esa dirección.

El ex ministro de educación William J. Bennett, una de las luces en la lucha por restaurar los valores éticos y morales en nuestra sociedad, narra esta emocionante historia de su vida. A finales de la primavera de 1985 su esposa Elayne, quien fue maestra, lo animó a dictar clases en los colegios.

Cuando éramos novios ella me vio dictar clases en Portland, Maine. Después, cuando me nombraron ministro de educación, me dijo:

—Eres un buen maestro y las personas te obedecerán si ven que haces lo que dices. Además de hablar de educación, ¿por qué no sales y muestras a la gente que puedes enseñar algo a alguien?

—Ya no hago cosas al por menor sino al por mayor —resistió Bennett.

—Si haces algo al por menor serás un mejor mayorista —insistió Elayne en ese momento.

Una gran manera de pensar.

Lo que Elayne sugería es tan antiguo como el mismo tiempo. Estaba diciendo que mediante el ejemplo se demuestra la importancia y dignidad de los maestros y de la enseñanza. Ella también quiso decir que los verdaderos héroes de la vida estaban «en las trincheras», haciendo el trabajo y animando a otros a hacer lo mismo.

Este pensamiento trae un mensaje para todo ejecutivo comercial. Si los ejecutivos conocen cada fase de sus negocios tendrán una apreciación mayor por lo que hace el resto de su personal. Por supuesto que el director de una empresa Fortune 500, o incluso de una mediana, no puede saber todo acerca de cada operación. Sin embargo, de vez en cuando deben examinar lo que sucede en cada departamento y hablar con las personas que hacen el trabajo. Esto no solamente los acercará más a su gente sino que el conocimiento que adquiera los ayudará a conducir la compañía de manera más eficaz.

No esperes que llegue tu liderazgo si no estás dispuesto a soltar la carga.

La responsabilidad es tuya

Tú eres la única persona que puede utilizar tu habilidad. Esa es una gran responsabilidad, porque como mayordomo de tus talentos y habilidades no tienes opción. Se te ha encomendado algo que solo tú puedes usar y desarrollar.

Abraham Lincoln dijo: «No puedes escapar a la responsabilidad del mañana eludiéndola hoy».

El «juego de culpar» se remonta al principio. Cuando Dios instaló en el huerto a Adán y Eva les dijo que podían hacer todo menos comer del fruto del árbol que estaba en medio.

No obstante, Adán y Eva comieron del fruto de ese árbol y en la tarde Dios los llamó mientras caminaba en el huerto.

—Aquí estamos —contestó Adán.

—Adán —preguntó entonces Dios—, ¿Has comido del árbol que está en medio del huerto?

Dios sabía la respuesta, pero quería que Adán respondiera. Este, sin embargo, hizo lo «valiente» y replicó:

—Señor, ¡pregúntale a esa mujer que me diste!

Así la pelota comenzó el largo e interminable camino. Dios preguntó entonces a Eva si había comido del fruto y ella pasó la pelota de largo.

—Señor —dijo—, ¡pregúntale a la serpiente!

¡La serpiente, por supuesto, no tenía salida!

Teológicamente hablando sé que mi declaración es errónea. No obstante, no me equivoco cuando digo que cada uno de nosotros debe reconocer que no es «culpa de él», «culpa de ella», o «culpa de ellos» sino que es responsabilidad nuestra.

Para solucionar el problema debemos regresar al principio y comenzando en la familia, enseñar a nuestros hijos a ser responsables.Después debemos pasar el batón a los maestros en las escuelas e insistir en que ellos continúen mostrando comportamiento responsable. Luego, cuando nuestros jóvenes han aprendido bien la lección, practicarán la responsabilidad en sus vidas personales y en el trabajo. Cuando esto suceda se acabará la crisis de responsabilidad y por consiguiente tendremos una mejor sociedad.

El precio de la grandeza es la responsabilidad.

Aquellos dichos famosos

Hasta ahora los sicólogos no han explicado por qué el chisme improbable se vuelve verosímil cuando se escucha en susurros.

—GEORGE GREGORY

En nuestra nación tenemos gran cantidad de proverbios o dichos sabios que han pasado de generación en generación. Por ejemplo: «Una puntada a tiempo ahorra ciento», «El que espera, desespera», y «Lo salvó la campana», para nombrar solo unos pocos.

Muchos de estos dichos tienen orígenes fascinantes, que cuando los examinamos aprendemos no solo un poquito de historia sino algunas lecciones y filosofías prácticas que vienen con ellos. Uno de mis favoritos es «Lo salvó la campana». Este se remonta a 1696, cuando un centinela llamado John Hatfield estaba en servicio en el castillo Windsor de Inglaterra. El deber de centinela se tomaba muy en serio en esa época y básicamente significaba permanecer alerta. Sin embargo, Hatfiel fue acusado de dormirse en su puesto y de negligencia en su deber. Lo llevaron a juicio en el cual habló en su propia defensa. Aseguró que no había estado durmiendo y que por cierto oyó que la campana de la catedral de San Pablo había sonado trece veces. Esta era una afirmación increíble, la cual hizo en su propia defensa y lo declararon culpable. En ese tiempo se sentenciaba a morir en la horca a los centinelas que hallaban culpables de abandono del deber.

Una persona amable o curiosa pensó en la extraña naturaleza de la historia de Hatfield y se dedicó a hacer averiguaciones sobre su poco común defensa. Este individuo descubrió que en verdad la campana de San Pablo había sonado trece veces. Otras personas de la comunidad también la habían oído y contaron esos trece tañidos. Hatfield fue indultado y vivió hasta la madura edad de 102 años. Literalmente «lo salvó la campana» (tomado de *Capper's Weekly*).

Mensaje: Debemos tener cuidado en como condenamos a otras personas hasta que toda la evidencia esté completa. El sentido común y el juego limpio lo exigen.

Con frecuencia las esposas ríen de los chistes de sus esposos, no porque los chistes sean ingeniosos sino porque las esposas lo son.

Eso es lo más inoportuno

Una disculpa es sensibilidad y cortesía demasiado tarde.

Hace algunos años nació un raro servicio en Fort Worth, Texas, llamado «Servicio de disculpas». La fundadora y creadora fue la señora Kathy Warman. Por solo seis dólares, ella tomaba el teléfono y con su acento y encanto sureño daba una disculpa a la persona que tú podías haber ofendido.

Por desgracia, no hay duda de que se necesite tal servicio, pero ¿no es trágico que haya necesidad de que alguien se disculpe por ti? ¿Qué ha pasado con la responsabilidad personal? Es inconcebible que nadie estuviera dispuesto a llamar para disculparse por haber ofendido a un cliente, amigo o pariente. Sin importar cuán eficaz hubiera sido la señora Warman, hay una gran diferencia entre hacerlo por ti mismo y contratar a alguien para que lo haga por ti.

En la mayoría de los casos el disculpador profesional apacigua en parte a la persona ofendida, pero esta seguramente se preguntará por qué el ofensor no agarró el teléfono y pidió perdón directamente. Primero, casi siempre una disculpa encuentra aceptación. Segundo, indica que ahora piensas de manera correcta, que reconoces tu error y deseas rectificar y dar a la relación una base más amigable. Tercero, y quizás lo más importante, se incrementa dramáticamente el beneficio que recibes al disculparte personalmente. Esto significa que has aceptado tu responsabilidad, que has enfrentado una tarea difícil, que has pasado por el proceso, que has sobrevivido y que como resultado hasta te has enriquecido. ¿Difícil? Sí, pero es una gran experiencia de aprendizaje y crecimiento.

Hablando históricamente, quienes hacen las cosas difíciles terminan haciendo las fáciles con más eficacia. Recuerda que a menudo una disculpa es cortesía demasiado tarde. Así que piénsalo. La próxima vez que ofendas a alguien y debas disculparte, hazlo tú mismo. En consecuencia tendrás más y mejores amigos, más y mejores clientes y una mejor autoimagen.

Sabes que es hora de perder peso cuando tu cónyuge te dice que «metas tu estómago» y ya lo estás haciendo.

La risa es una buena medicina

La risa es la mano de Dios en el hombro de un mundo atribulado.

No hay nada nuevo en el comentario de que la risa es una buena medicina. Se remonta a cientos o quizás miles de años cuando al bufón de la corte se le daba la tarea de entretener a la realeza y a los jefes de estado. Si era bueno en su trabajo y lo hacía bien, su recompensa era importante, pero si su actuación era pésima había una posibilidad muy grande de que perdiera la cabeza; ¡quiero decir *en verdad* perder la cabeza! Sin embargo, llegó el momento en que esos bufones se dieron cuenta de que ser cómicos era mucho más que solo entretener.

Pat Willhoit, conocido además como Dr. Isaac el Payaso, señala que la risa es uno de los más grandes tónicos mentales conocidos por el hombre y es la segunda emoción más poderosa que un individuo puede expresar. La primera, por cierto, es el amor. Él dice: «No puedes reír y estar enojado ni puedes reír y estar preocupado, porque el estrés, la preocupación y la risa no son compatibles. La risa es baja en calorías y no tiene cafeína, sodio, preservantes o aditivos; es 100% natural y hay una sola talla para todos. Es verdaderamente un regalo divino. Por mucha risa que tengas no tendrás «sobredosis». Es contagiosa; una vez que comienza es muy difícil detenerla. Quien ríe nunca se siente mal, no comete crímenes, no inicia una guerra ni rompe una relación. La risa es compartida por el que la da y el que la recibe. No cuesta nada y es libre de impuestos».

Parece como si la risa pudiera ser muy bien la cura para muchas de las enfermedades de la vida; por lo tanto, ríe mucho y vivirás mucho.

La risa es el jamón en la tostada de la vida. Le agrega sabor, evita que resulte demasiado seca, y hace que sea fácil de tragar. (DIANE JOHNSON)

Deja algo detrás de ti

Las cumbres inspiran a los líderes, pero los valles los hacen madurar.

—F. PHILIP EVERSON

A cada uno de nosotros lo han precedido muchas generaciones. El doctor Thomas Gibbs, hijo, dice: «Todo hombre se apoya en el pasado. Toda libertad que disfrutamos se obtuvo a un costo increíble. No hay privilegio ni oportunidad que no sea producto del esfuerzo de otros hombres. A diario bebemos de pozos que no cavamos; nos calentamos con fuego que no hemos encendido; vivimos con libertades que no hemos ganado; nos protegen instituciones que no hemos establecido. Ningún hombre vive por sí solo. Todo el pasado está invertido en él. Un nuevo día es un buen momento para decir: "Estoy en la obligación de aceptar mi parte del dolor y de las oportunidades del mundo"».

La vida se parece al tenis: Quien mejor sirve casi nunca pierde. La responsabilidad exige que paguemos a nuestro propio camino y dejemos algo para quienes nos seguirán. Dejar una herencia de haber llevado una vida ética, moral y productiva es algo que todos podemos hacer. Enseñar a leer a quien no sabe enriquecerá la vida de esa persona y la capacitará para contribuir de manera mayor y mejor a la sociedad. Acciones como animar a otros y darles ejemplo de amabilidad y total consideración es necesario hoy día en nuestra sociedad. Esta será tu influencia en futuras generaciones.

Por desgracia, muchos de nosotros nos engañamos pensando que no hay nada que podamos hacer a menos que sea algo extraordinario. Eso está muy mal, porque hacer algo por otros trae mayor felicidad a uno mismo.

Padres: Enseña a un niño el camino que debe seguir y anda tú mismo allí de vez en cuando.

Ten cuidado con lo que dejas

La medida de una vida, después de todo, no es su duración sino su donación.

Me encanta la historia que cuenta Glen Van Ekeren en *Speaker's Sourcebook* [Libro de consulta para el orador]. Ocurrió en un día ardiente y húmedo en medio de Kansas City. El turno de ocho horas parecía muy largo al experimentado conductor de autobús. De repente una joven mujer, aparentemente furiosa por algo, soltó una sarta de palabras soeces. Mirando por el espejo retrovisor, el conductor pudo ver la vergüenza en quienes estaban al lado de la mujer por la serie de vulgaridades. Aún mascullando, la furiosa pasajera se dispuso a bajarse del autobús unas cuadras más adelante.

—Señora, creo que está dejando algo —le dijo tranquilamente el chofer cuando ella se bajaba.

—¿De veras? ¿Qué estoy dejando? —preguntó rápidamente mientras volteaba a mirar hacia atrás.

—Una malísima impresión —respondió el conductor.

Generalmente se ha reconocido como cierto que mantendremos por mucho tiempo nuestra primera impresión de alguien y que mantenemos casi por el mismo tiempo la última impresión que tenemos de esa persona.

El asesor político Roger Ailes dijo que por lo general a los pocos segundos de conocer a una persona condicionamos nuestra mente a si nos va a gustar o no, o incluso a si confiáremos en ella. Esos pocos segundos son importantes y por mucho tiempo afectarán nuestras decisiones relacionadas con esa persona.

Una de las mejores maneras de hacer una buena impresión es con una sonrisa y un comportamiento agradable. Sí, la primera y la última impresión son importantes, pero a largo plazo es la confianza y el carácter los que determinan la duración y la importancia de la mayoría de nuestras relaciones. Piensa en esto. Haz buenas primeras impresiones, haz buenas impresiones finales y en medio sé el tipo de persona correcta. Coleccionarás muchísimos amigos y admiradores.

Mesero al cliente: «¿Qué quiere usted decir con que el servicio es malo? Todavía no le he dado nada».

204

El trabajo en equipo es importante

Nadie cometió un error mayor que quien no hizo nada porque uno podría hacer solo un poco.

En los días de antaño la mayoría de órganos estaban en iglesias y alguien detrás del escenario lo debía «bombear». Una vez un talentoso solista daba un concierto en una iglesia y recibía una extraordinaria acogida. En el intermedio el cantante organista caminó tras bastidores, donde lo saludó un caballero agradable y alegre que estaba bombeando el órgano.

—Estamos haciendo una gran representación, ¿no es verdad? —dijo este último al cantante.

—¿Qué quiere decir con «estamos»? —respondió, dio la vuelta y se dirigió al escenario.

Cuando el cantante comenzó a tocar, golpeó las teclas haciendo un gesto y no sucedió nada, ni un sonido salió del órgano. Rápidamente se fue tras bastidores.

—Es verdad, *estamos* haciendo una representación, ¿no es verdad? —dijo al hombre que bombeaba el órgano.

La mayoría de personas que están detrás del escenario no reciben publicidad, pero ellos hacen que las cosas sucedan. Es un placer para mí hablar regularmente en los seminarios Peter Lowe que se dictan en todos los Estados Unidos. Entre los oradores hay líderes sobresalientes de nuestra época en comercio, medios de comunicación y política. La asistencia es enorme y es obvio el beneficio para las personas, porque cada año la asistencia es superior a la del año anterior. Los oradores obtienen toda la publicidad, pero quienes hacen realidad el éxito de los seminarios son los responsables de funciones como encargarse de vender los boletos, conducir a las personas a sus asientos, responder preguntas y dar instrucciones de los baños y teléfonos. No me importa cuán brillantes puedan ser los oradores, si no se llevan a cabo los detalles «detrás del escenario», el seminario será un fracaso. Es un trabajo de equipo.

Si provocas en tu jefe una explosión de ira en vez de que te de un aumento, es posible que estés haciendo algo indebido.

Las excusas que damos

No estás liquidado cuando te derrotan, estás liquidado cuando te das por vencido.

A mi hermano, el finado Judge Ziglar, le encantaba narrar la historia del sujeto que fue donde su vecino a que le prestara la cortadora de césped. El vecino explicó que no podía prestársela porque todos los vuelos de Nueva York a Los Ángeles se habían cancelado. El individuo le preguntó qué tenía que ver la cancelación de los vuelos de Nueva York a Los Ángeles con que le prestara la cortadora. «No tiene nada que ver, pero si no quiero dejar que uses mi segadora, es tan buena una excusa como otra».

El vecino estaba en lo cierto. Una excusa es tan buena como otra, porque en la mayoría de los casos una excusa no es más que un rechazo a aceptar la responsabilidad. Mi confiable *Diccionario Noah Webster* de 1928 dice que *excusa* es «justificar» o «reivindicar», «una súplica ofrecida como atenuante de una falta o comportamiento irregular». George Washington Carver dijo que 99% de los fracasos son de personas que tienen el hábito de poner excusas. Harold Sherman dice: «Es poderosamente tranquilizador para el ego poder excusar nuestras faltas. Yo lo he hecho, tú lo has hecho, y parece que ayudó por un tiempo. Pero a la larga las excusas son costosas porque no nos permiten enfrentar la verdad sobre nosotros mismos. Nos impiden obrar y corregir nuestros errores, eliminar nuestras debilidades, desarrollar nuestros talentos y mejorar nuestro carácter». Finalmente, «no pongas excusas, haz el bien».

Estas pequeñas gemas son invaluables y deberían obligarnos a pensar. Cuando lo hacemos, no pondremos excusas sino que haremos el bien.

Existen casi doscientas mil palabras inútiles en el idioma castellano, y muchos políticos las utilizan una y otra vez.

La actitud de agradecimiento

Lo que otorgas a otro te pertenece de alguna manera para siempre.

Mi amigo Bill Schiebler es un hombre que vive de acuerdo con nuestra filosofía de que puedes tener todo lo que quieras en la vida si ayudas a otros a lograr lo que desean. Aun cuando él tiene esclerosis múltiple, su actitud de agradecimiento era muy obvia cuando me narró el siguiente incidente:

Bill explicó que su enfermedad le hacía cansarse con facilidad y un día estaba especialmente agotado mientras manejaba muy despacio hacia la entrada de su casa. Sabía que necesitaba descansar y quería «estar solo». Sin embargo, en ese momento particular, su electricista (que tenía dos huertos en el terreno de Bill) llegó emocionado y le dijo que había plantado algunos vegetales para él. Bill le agradeció y entró a tomar una siesta. Se le fue el sueño y no pudo descansar mucho. Súbitamente se sentó en la cama, comprendiendo que no había reconocido la generosidad del electricista con un espíritu muy agradecido. Se levantó al instante, salió hacia su huerto, se disculpó por su falta de agradecimiento y «le agradecí calurosamente como debí hacerlo la primera vez».

Bill continúa su historia: «El electricista sabe que padezco esclerosis múltiple. También cuán necesario es que descanse. Cuando se dio cuenta de que yo había interrumpido mi descanso para agradecer su amable gesto, sonrió ante mi muestra específica de agradecimiento. ¿Sabes qué sucedió además? Entré de nuevo a tomar una apacible siesta. El electricista regresó a su huerto y plantó más vegetales para mí». Bill resaltó: «Los dos ganamos con ese encuentro»; y concluyó: «Sentir gratitud, pero no expresarla específicamente, es como envolver un presente pero no entregarlo».

Las cosas cambian. Hace años el director habría expulsado a un muchacho que usara pantalones de mezclilla, un arete y barba. Hoy día ese es el director. (JOE HICKMAN, HUMOR CONTEMPORÁNEO)

Esta madre tiene razón

Los ojos que miran son comunes; los que ven son raros.

–J. OSWALD SANDERS

Betty Stephans cuenta que visitó a una amiga cuya hija de tres años interrumpía con frecuencia sus quehaceres para insistirle que «saliera y viera». Ella entonces mostraba emocionada a su madre una flor, una mariposa, una cáscara de huevo de pájaro o una hormiga arriera.

—Eres sumamente paciente con tu hija —comentó Betty después de la enésima interrupción—, pero todos esos pequeños viajes te deben arruinar tu rutina diaria. ¿No has querido gritar alguna vez?

—Mira —replicó alegremente la madre—, yo la traje a este mundo. Lo menos que puedo hacer es dejarle que me lo muestre.

¡Qué hermosa manera de ver la vida! Cuánta razón tenía y cuán sabia era. Los quehaceres siempre estarán allí, como te lo dirá cualquier madre, pero la pequeña crecerá y antes de que te des cuenta saldrá para la escuela, se casará y será madre.

Algunos estudios señalan que prácticamente todos los niños pequeños tienen vívidas imaginaciones, pero la mayoría de ellas se han reprimido antes de cumplir diez años. Una de las razones de eso es que los padres no tienen (o no sacan) tiempo para compartir las maravillas que los niños ven cada día. Los padres a menudo fallan en ver que el caballo de palo en realidad es «Rayo a todo color» o que las líneas en la tierra son una nave espacial lista a despegar. Eso está mal, porque de esta manera es que los chicos crecen, desarrollan su imaginación y se convierten en solucionadores de problemas futuros. Piensa en esto. Pasa tiempo con tu hijo. Deja los quehaceres a un lado por un momento. De otra manera, estarás haciendo a un lado al pequeño.

Por alguna razón no me gustó esa película de Disney. Aladino no me frotó bien. (GARY APPLE)

Haz algo bueno hoy

No puedes vivir un día perfecto sin hacer algo por alguien que nunca podrá recompensarte.

–JOHN WOODEN

Estados Unidos está envejeciendo. La Seguridad Social enfrenta una crisis. Muchas personas se preguntan qué pueden hacer cuando termine su vida productiva. Neva Marie Mabbott da algunos pensamientos reconfortantes:

Cuando se divisaba una cirugía en mi horizonte personal, una de mis preocupaciones era económica. Como viuda que vive de la Seguridad Social y con lo que hacía trabajando tres horas diarias en un parque de diversiones y descanso, no podía permitirme un mes sin trabajar para recuperarme. Por suerte esa preocupación fue cortada de raíz por una llamada de otra viuda de mi iglesia.

—¿Neva? Soy Madeleine. Acabo de hablar con tu jefe y estuvo de acuerdo en mantenerte en la nómina de diciembre si yo trabajo en tu lugar.

—No puedo permitir que hagas eso —dije.

—Ya todo está arreglado —replicó Madeleine—. He hecho esta clase de trabajo en casa y llegaré a aprender lo que haces en un par de días antes de que vayas al hospital. Además, quiero que descanses y no te preocupes por perder algún ingreso.

Mis gracias apenas pasaron un nudo que se me hizo en la garganta. Diciembre llegó con tiempo para descansar, leer y escribir. Fue el más hermoso Adviento y Navidad de mi vida. Madeleine es un maravilloso ejemplo de dador expiatorio.

Nada te hará sentir mejor que hacer algo por alguien. Tal vez no puedas estar un mes sin trabajar, pero le podrías cuidar los niños a una joven madre que no tenga dinero para pagar a alguien que los cuide. Podrías pasar una hora en un asilo dando amor y cuidado, y escuchando a los residentes. Podrías llevar comida a alguien o ser voluntario en una fundación de ayuda a los menos privilegiados.

Un perfecto ejemplo del poder de la oración es cuando una tormenta de nieve cierra las escuelas el día de un examen difícil. (DOUG LARSON)

Legislar sobre moralidad

La clase de negocio que tengas no debe determinar tus valores. Al contrario, tus valores deben gobernar tu negocio.

–DON MARTIN

Cada vez que se discuten asuntos como juego, pornografía, prostitución, programación sucia en televisión, etc., hay quienes dicen que no podemos «legislar sobre moralidad». La verdad es que sí podemos, lo hemos hecho y debemos hacerlo. Matar es inmoral, por consiguiente tenemos leyes contra el asesinato. Robar es inmoral y tenemos leyes contra el robo. Maltratar a alguien es inmoral, por lo tanto tenemos leyes contra el maltrato. Constantemente legislamos sobre moralidad: sin embargo, la legislación sería más eficaz si concienzudamente mostráramos moralidad en el proceso de la enseñanza de valores. No enseñes ética sino integridad, porque una persona íntegra hará las cosas de manera ética. Así sabrá lo que es ética y por qué es importante su enseñanza.

Según el número de febrero de 1996 de *American Management Association*, algunos expertos aseguran que la ética y los valores se aprenden como parte natural del desarrollo humano adquiridos en el hogar, la escuela, la religión y otras influencias. No obstante, dicen que algunas autoridades sostienen que la moral (como la noción innata del bien y del mal), no se puede enseñar a un adulto. Manifiestan que a un individuo se le forma honrado y cabal o taimado y corrupto mucho antes de que ponga un pie en el mundo comercial.

Seguramente parte de esto es cierto. Algunos expertos sostienen que 80% del carácter de un niño ya se ha formado a los cinco años de edad, pero es un error decir que la ética y los valores no se pueden enseñar a los adultos. Las personas pueden cambiar, y lo hacen, básicamente porque todos actuamos de acuerdo a nuestro interés personal si comprendemos con claridad lo que significa ese interés personal. Es firme la evidencia de que a largo plazo los «buenos tipos» son los grandes ganadores en sus vidas personales, familiares, comerciales y financieras.

El ingrediente principal de la moda de las dietas es la exageración. (DR. NEIL STONE)

El carácter hace la diferencia

La mayoría de personas fracasan debido a sus defectos de carácter que por cualquier otro motivo.

–DR. D. JAMES KENNEDY

Un filósofo comentó que si los inmorales, ladrones y truhanes conocieran el valor de la honestidad, por interés personal se volverían personas honradas. Si revisas la historia descubrirás que todos los grandes fracasos son defectos de carácter y que los casos de éxito permanente son de personas que construyeron sus carreras sobre el carácter. La mayoría de los expertos creen que las empresas tienen la oportunidad, el poder y la responsabilidad de enseñar a su personal el comportamiento adecuado.

Los beneficios de enseñar carácter en la cultura empresarial se extienden también al seno familiar. Nuestra propia empresa ha experimentado esto, por eso insistimos a las compañías que entrenamos que permitan a los cónyuges de los empleados participar en la capacitación. Los resultados han sido sobresalientes porque se coloca a todos los miembros de la familia en el «mismo plano».

Kate Nelson, profesora de moral en el Instituto Wharton de la Universidad de Pensilvania, dice que en cualquier industria hay tres clases de empleados: Los

217

que denomina «buenos soldados» conocen las reglas y tienen buena moral; los «cañones sueltos» tienen buena moral pero no leen los manuales de instrucciones. Las «granadas» hacen lo que quieren y sus actividades pueden hacer volar y devastar una organización. Ella señala que hasta los «buenos soldados» necesitan un firme entrenamiento (me gusta la palabra *firme*, a la que agregaría «constante»). Cuando enseñemos estos conceptos básicos a toda la empresa, habremos convertido un grupo de gran variada capacidad y educación en un equipo que producirá extraordinarios resultados.

Si alguien te ofrece el mundo en una bandeja de plata, agarra la bandeja. (WALL STREET JOURNAL)

Temor Sano

Teme a Dios y no necesitarás temer a nadie más.

–WOODROW WILSON

Realmente existe el «temor sano». Por ejemplo, es muy saludable temer a beber antes de conducir. Sin embargo, al temor no se le debe permitir que corra galopante en nuestras vidas y que se convierta en un factor tan devastador que conduzca al fracaso. El problema no es deshacerse del miedo sino usarlo adecuadamente. El doctor Judge M. Lyle afirma: «Alguien dijo que la base de una acción debería ser el amor y no el temor. Esto es cierto en teoría, pero en la práctica no funciona así. Hay temores legítimos. El miedo a la ignorancia hace que busques educarte y el temor a la pobreza te hace trabajar. El miedo a la enfermedad te lleva a practicar una vida saludable e higiénica. El temor de perder tu empleo te inspira a llegar a tiempo y dar lo mejor de ti. El miedo de perder una materia lleva a un estudiante a pasar tiempo extra en los libros. El temor de perder nuestra familia nos alienta a ser fieles a ella, a trabajar por ella y a mostrarles amor diariamente».

Todos deberíamos tener cierta clase de sano temor. Existe un miedo real al atravesar una calle congestionada sin llegar a la esquina, donde hay semáforos para ese fin. Existe temor legítimo al manejar tu auto a velocidades excesivas bajo cualquier condición, pero particularmente cuando la visibilidad es escasa o las calles son resbaladizas. Debemos aprender a distinguir los temores sanos de los malignos. Cuando puedes hacer eso, el miedo es un amigo. Hasta que aprendas a hacerlo, sin embargo, el temor puede ser un enemigo.

Verdadero terror es despertarte una mañana para descubrir que tus compañeros de clase de enseñanza media gobiernan la nación. (KURT VONNEGUT)

Acerca del autor

∞

Zig Ziglar es presidente de la Corporación Zig Ziglar, que se dedica a ayudar a las personas a utilizar de manera más completa sus recursos físicos, mentales y espirituales. Ziglar es uno de los oradores inspiracionales más solicitados del país. Viaja por todo el mundo dando su mensaje de esperanza, humor y entusiasmo a audiencias de todo tipo y tamaño.

Ziglar ha escrito muchos libros de gran éxito, entre ellos, *Confesions of a Grieving Christian* [Confesiones de un cristiano acongojado], *Confesions of a Happy Christian* [Confesiones de un cristiano feliz], *Algo por qué sonreír*, *Over the Top* [En la cumbre] y *See You at the Top* [Nos vemos en la cumbre], del que se han vendido más de millón y medio de copias en todo el mundo. Vive con su esposa Jean en Dallas, Texas.

Herramientas para los líderes de hoy

Editorial Caribe le ofrece las herramientas para que «desarrolle el líder alrededor de usted» y «desarrolle el líder dentro de usted», dirigiéndolo «hacia una administración eficaz». Eso se logra al mantener un equilibrio entre «52 maneras de estirar su dinero» y «el liderazgo bíblico genuino». Recuerde siempre: «un líder no nace se hace», por lo tanto combine «los negocios y la Biblia» y glorifique a Dios.